L'ÉCOLE MILITAIRE

ET

LE CHAMP-DE-MARS

PAR

MARCEL DE BAILLEHACHE

PRIX : 2 FRANCS

PARIS

A. CHARLES, LIBRAIRE

8, RUE MONSIEUR-LE-PRINCE, 8

1890

L'ÉCOLE MILITAIRE

ET

LE CHAMP-DE-MARS

PAR

MARCEL DE BAILLEHACHE

PRIX : 2 FRANCS

PARIS

A. CHARLES, LIBRAIRE

8, RUE MONSIEUR-LE-PRINCE, 8

1896

PRÉFACE

Le bon accueil que le public a bien voulu faire à mon dernier livre : *Souvenirs intimes d'un lancier de la garde impériale*, m'engage à publier cette étude historique sur *l'École militaire et le Champ-de-Mars*.

Ici, ce n'est plus le témoin oculaire qui raconte, et ce livre ne peut en rien ressembler à mes souvenirs de la garde impériale. Tout au plus, pourrai-je les faire intervenir à propos de l'École militaire à la fin du second Empire.

L'étude que je présente aujourd'hui est le résultat de nombreuses recherches, tant à la Bibliothèque nationale que dans divers ouvrages et travaux historiques. Parmi ces travaux, un des plus complets sur le Champ-de-Mars est celui que M. Désiré Lacroix, rédacteur au *Moniteur de l'armée*, a fait paraître sous forme de brochure en 1878. Nous nous sommes permis de faire de nombreux emprunts à cette intéressante notice.

Ce qui nous a aussi guidé en entreprenant ce travail, c'est l'idée de reconstituer tout un côté de Paris, et un des plus curieux, qui, à la suite de l'Exposition de 1889, a complètement changé d'aspect et presque perdu sa physionomie toute militaire d'autrefois.

« Si Paris n'est pas détruit par une nouvelle *Commune* ou par les bombes des *anarchistes*, me disait un étranger, ce sera, avant la fin du siècle, non-seulement la plus belle des capitales de l'Europe, mais la première ville du monde. »

En effet, Paris se transforme tous les jours. Il faut reconnaître que ce mouvement a commencé sous le second Empire, avec le baron Haussmann, *le grand préfet*, comme on l'appelait alors, et l'histoire lui conservera ce nom. C'est lui qui, sous l'œil de Napoléon III, car tous les projets étaient soumis à l'empereur et approuvés ou rejetés par lui; c'est M. Haussmann, disons-nous, qui, le premier, a tracé ces grandes et larges voies donnant à la ville l'air et la lumière et lui permettant de combattre les épidémies qui trouvaient, dans les quartiers populeux et malsains, un terrain tout préparé.

Percer, aérer, transformer, c'est très bien; mais, tout en assainissant une ville, on pourrait faire œuvre de bon goût et ne pas détruire des perspectives qui en sont l'ornement et l'orgueil.

Que dirait-on si, demain, on plaçait une gare de chemin de fer sur la place de la Concorde ou un tramway à vapeur dans les Champs-Élysées.

Voilà l'écueil qu'il faut éviter dans les transformations que nous impose le progrès moderne et c'est à cela que doivent veiller constamment nos édiles.

Combien je regrette qu'on ait voté, il y a quelques

années, le maintien des bâtiments du Champ-de-Mars et de la fameuse tour de 300 mètres.

L'École militaire et le Champ-de-Mars! mais c'était une des plus belles choses qui fût à Paris.

Vous souvenez-vous de l'effet que produisait, lorsqu'on descendait des hauteurs de Passy, la vue de ce parallélogramme de 2000 mètres sur 500, s'étendant du pont d'Iéna à l'École militaire. Pour ma part, je trouvais le grand espace, témoin d'événements si importants de notre histoire, bien plus imposant que l'assemblage de ces palais, fontaines et statues colossales en carton-pierre que le temps et l'intempérie des saisons finiront par détériorer complètement.

La fameuse tour de 300 mètres n'a pas non plus le pouvoir de m'enthousiasmer, et, je le répète, dussé-je me faire jeter la pierre par la jeune génération, je regretterai toujours le Champ-de-Mars d'autrefois avec l'École militaire qui formait le fond d'un tableau certainement unique en Europe par sa majesté et sa grandeur. Et enfin, notre époque, qui semble ne plus vouloir connaître que la puissance de l'or et du fer, peut-elle oublier que le terrain sur lequel s'élève *la Galerie des Machines* et la *Tour Eiffel* a été *le champ de la Fédération* et de *la Distribution des Aigles!*

L'histoire de l'École militaire est intimement liée à celle du Champ-de-Mars. Les balcons et les fenêtres du bâtiment construit par Gabriel, l'architecte de Louis XV, n'ont-ils pas servi de loges aux importants événements qui se sont déroulés depuis près de cent cinquante ans dans l'immense plaine aujourd'hui disparue. On pourrait presque raconter les deux histoires simultanément. Cependant, pour éviter toute confusion dans le récit, nous commencerons par l'École militaire et nous terminerons par le Champ-de-Mars.

M. de BAILLEHACHE.

L'ÉCOLE MILITAIRE

ET LE CHAMP-DE-MARS

CHAPITRE PREMIER

Joseph Pâris-Duverney. — Louis XV et Mme de Pompadour. — L'éducation militaire au moyen âge. — La première pensée de fonder une école militaire revient à Henri IV. — Richelieu et Mazarin reprennent le projet. — Les compagnies de *Cadets* sous Louis XIV. — Suppression de ces compagnies. — Louis XV les rétablit — Fondation de l'École militaire. — Louis XVI la supprime le 1er février 1776.—Établissement d'écoles provinciales.—En 1777, formation à l'École militaire de Paris d'une compagnie de *Cadets*. — Bonaparte à l'École militaire. — L'uniforme des élèves en 1776. — Les différents gouverneurs de l'École. — L'École de Mars.

A Moirans, en Dauphiné, naissait, en 1684, Joseph Pâris-Duverney, dont le père tenait dans cette petite ville une auberge. L'enfant, que ses goûts ne portaient pas à continuer le métier de son père, vint de bonne heure à Paris et, par d'habiles combinaisons, acquit, ainsi que ses trois frères, Antoine Pâris, Pâris la Montagne et J. Pâris-Montmartel, une des fortunes les plus considérables du temps.

Il fut chargé, lui Pâris-Duverney, de concert avec ses frères, de diriger le fameux *visa* par lequel la dette de l'État, à la mort de Louis XIV, fut réduite de 2 milliards 62 millions à 1 milliard 633 millions et accomplit plusieurs autres opérations financières importantes.

Confident du duc de Bourbon et surtout de la marquise de Prie, qui partageait avec lui les produits de la vente des bénéfices, il eut de 1723 à 1726 le plus grand pouvoir.

Il fit rendre l'ordonnance sur l'abolition de la mendicité (1724) et proposa à Louis XV le mariage avec Marie Leczinska. On voit que le fils de l'aubergiste de Moirans avait su faire son chemin. Malheureusement il se rendit odieux vers cette époque (1725), en conseillant au duc de Bourbon l'impôt du cinquantième du revenu et le rétablissement du droit de *joyeux avènement*, cet impôt spécial que les anciens rois de France levaient sur leurs sujets en montant sur le trône.

L'infortuné Louis XVI devait, à son avènement, renoncer à cette inique prérogative royale.

Le programme du cardinal de Fleury, en arrivant au ministère, était : économies au dedans et paix au dehors.

La faveur de Pâris-Duverney en baissa à ce point que le cardinal le fit mettre à la Bastille.

Mais Duverney n'y resta pas longtemps et il reprit promptement sa situation à la cour, grâce à l'amitié de la marquise de Pompadour qui avait en lui la plus entière confiance.

Le puissant financier était fait, paraît-il, pour s'entendre avec Jeanne-Antoinette Poisson, dont le père, fournisseur des armées, avait dû fuir son pays à la suite de honteuses malversations. Quoi qu'il en soit, c'est aux conseils de Pâris-Duverney et à son influence sur Mme de Pompadour, qu'il sut convaincre de la nécessité d'un établissement pour former de jeunes officiers, que l'on doit la création de l'École militaire.

L'École militaire a donc été pour ainsi dire fondée par une femme, et pour conserver ce souvenir, l'architecte aurait pu placer au frontispice du bâtiment les statues de Mars, de Cupidon et de Minerve, pour parler le langage du temps.

Joachim Ambert, dans ses *Études historiques, psychologiques et critiques de l'armée française*, parues en 1837, raconte ainsi la manière dont la marquise obtint la signature du roi :

« Approuvé le projet, approuvé petite bien-aimée, puisque « vous le voulez absolument ! » dit le roi à Mme de Pompadour; et la marquise prit en souriant le papier que venait de signer l'amant royal, et l'amant la baisa et il murmura dans les dentelles de sa maîtresse : « Petite folle ! »

« C'était le 22 du mois de janvier 1751. La marquise de Pompadour chiquenauda le roi avec le papier signé; ils folâtrèrent, se prirent et se reprirent en jouant la feuille volante, qui, mille fois entre deux baisers, faillit se déchirer... Heureusement un long entr'acte succéda à une longue caresse, et le papier roula sous leurs pieds entrelacés.

« C'était l'édit par lequel le roi Louis XV créait l'*École royale militaire*.

« Le lendemain, les courtisans répétèrent à l'envi que le roi avait daigné agréer le noble projet dû aux soins généreux de la protectrice des arts et des lettres. »

Au moyen âge, l'éducation militaire pour les jeunes gens nobles commençait à sept ans. A ce moment, le futur chevalier était retiré des mains des femmes et confié à quelque baron qui lui donnait l'exemple des vertus chevaleresques. Jusqu'à quatorze ans, le jeune homme, sous le nom de *page*, *varlet*, *damoiseau* ou *damoisel*, accompagnait le châtelain et la châtelaine et, par les plus rudes exercices, s'endurcissait aux fatigues de la guerre et s'habituait à porter les lourdes armures de l'époque.

A quatorze ans, le jeune homme était *mis hors de page* et à quinze ans reçu *écuyer*. Il y avait des *écuyers de corps* ou *d'honneur* qui accompagnaient à cheval le châtelain et la châtelaine, des *écuyers tranchants* qui servaient à la table du seigneur, des *écuyers d'armes* qui portaient sa lance et son casque.

Avec les idées en cours au moyen âge, ces services que nous jugerions aujourd'hui trop domestiques se trouvaient ennoblis. Enfin, lorsque le jeune noble atteignait sa vingt et unième année, et qu'il s'était montré digne en tout point de cette faveur, il était reçu chevalier et le seigneur l'armait en le frappant sur les deux épaules du plat de son épée et en lui disant : « Je te fais chevalier au nom du Père, du Fils et du Saint-Esprit. »

Le nouveau chevalier jurait de consacrer ses armes à la défense des faibles et des opprimés et de ne jamais manquer à la loyauté et à l'honneur sous peine d'être déclaré *félon*. La courtoisie et le respect dû aux femmes faisaient aussi partie du code de la chevalerie, aussi la devise des chevaliers de tous pays fut-elle : *Mon Dieu, mon roy, ma dame.*

Avec le moyen âge disparut la chevalerie. La découverte de la poudre à canon lui avait déjà porté un coup mortel. Les

armes et les armées subirent de nombreuses transformations, et avec elles les règles de la tactique et de la stratégie.

Il ne suffisait plus de savoir *férir* de grands coups dans les
mêlées et de servir son Dieu, son roy et sa dame. Le mousquet
du fantassin, fils du peuple, avait eu, dans les batailles, raison
des chevaliers et de leurs pesantes armures. L'éducation des
jeunes gens que leur naissance appelait encore à commander
les troupes dut se modifier.

On sentit la nécessité de les réunir pour leur apprendre
non seulement à manier leurs armes et leurs soldats, mais
encore à étudier cette science de l'emploi de l'armée que le
vulgaire croit si facile, mais que bien peu d'hommes de guerre
ont possédé complètement, tant elle est vaste, difficile et exige
d'études et de travaux de toute espèce. Ce n'est qu'à la fin du
seizième siècle que remonte la pensée de créer une école militaire. Et cette grande idée si digne de Henri IV n'a certainement été arrêtée que par le poignard de Ravaillac.

Nous trouvons dans l'*Histoire des Grandes Écoles de France*,
par Mortimer d'Ocagne, les lignes suivantes : « C'est vers le milieu du seizième siècle qu'il faut placer la première pensée de
l'institution d'une école militaire en France. Un gentilhomme
breton né en 1531, François de la Noue, dans ses *Discours
politiques et militaires*, se plaint de ce que : « les jeunes gens
de seize à dix-sept ans envoyés dans les régiments, au lieu de
se façonner, se défaçonnent de tout par les mauvais exemples.
Il serait expédient qu'il plût au roi de les réunir en quelques
lieux choisis pour les instruire. On les appellerait *Académies
militaires*. Ce serait assez qu'on en dressât quatre en quatre
endroits du royaume. » (V. Pellegrin.)

Cette idée n'eut pas de suite, et comme nous l'avons dit
plus haut, la mort de Henri IV en fut probablement la cause.

Ce n'est guère qu'un siècle plus tard, en 1636, que le cardinal de Richelieu fonda une véritable école militaire avec ce
titre : *Académie royale pour la noblesse*. Elle fut installée rue
Vieille-du-Temple à Paris, et le cardinal la dota de ses de-
niers d'une rente de 22 000 livres ; mais cet établissement disparut avec la dotation, à la mort de l'illustre fondateur

(4 décembre 1642). Mazarin, jaloux d'égaler son devancier, voulut relever cette institution en fondant le *Collège des Quatre-Nations*, avec l'intention d'y établir une école militaire où l'on devait élever particulièrement les jeunes nobles appartenant aux provinces conquises.

Des lettres patentes de 1665 confirmèrent cette création ; mais l'œuvre de Mazarin fut un sujet de luttes avec l'Université, et, en tant qu'école militaire, le projet fut ajourné.

Le ministre Louvois le reprit cependant avec la pensée d'annexer l'école militaire à l'hôtel des invalides pour que *le berceau des hommes de guerre se trouvât à côté de leur retraite et de leur tombeau ;* mais on recula devant la dépense et le projet en resta là. Quand des hommes comme Mazarin et Louvois ne peuvent arriver à faire adopter une réforme aussi nécessaire que la création d'une école militaire, on voit combien il était difficile, déjà à cette époque, de lutter contre les vieux errements.

Enfin en 1682, Louis XIV finit par établir, comme écoles, des *compagnies de cadets* pour la noblesse.

« Les enfants de condition et ceux qui vivaient noblement y étaient reçus et instruits, et quand ils avaient acquis la capacité nécessaire pour le commandement, on les nommait sous-lieutenants, enseignes ou cornettes. » On leur enseignait les mathématiques, le dessin, la langue allemande, l'escrime et la danse.

En 1692, le roi supprima les compagnies de cadets qui coûtaient fort cher et rendaient peu de service à cause de la morgue aristocratique que ces jeunes gens apportaient à l'armée.

Comme on le voit, ces compagnies n'avaient duré que dix ans et c'était bien peu pour en faire l'expérience.

Le plan de Louvois, qui consistait à créer une école militaire, fut repris en 1724 par Pâris-Duverney, devenu intendant des finances et alors très en faveur, comme nous l'avons dit plus haut, mais cette fois encore, on se contenta de reconstituer des compagnies de cadets. En 1726, Louis XV en établit six, à Cambrai, Metz, Strasbourg, Perpignan, Bayonne et Caen.

Sous Louis XV, nul ne pouvait être *cadet* s'il ne faisait

preuve de noblesse, ou s'il n'était fils d'officier au service.

Comme sous Louis XIV, les professeurs des compagnies de *cadets* étaient un maître de mathématiques, qui montrait aussi le dessin, un maître d'armes et un maître à danser.

Nous sommes bien loin du programme exigé pour entrer aujourd'hui dans nos écoles militaires et surtout des choses qu'on y enseigne.

Tous les officiers des compagnies de *cadets* avaient le grade supérieur à celui dont ils occupaient l'emploi. Les simples *cadets* étaient âgés de quinze à vingt ans.

L'édit du 12 décembre 1726, qui rétablissait les compagnies de *cadets*, les réduisait à cent hommes chacune.

Elles furent, le 20 mai 1729, reformées en deux compagnies de trois cents hommes. Enfin, en 1732, on n'en conserva qu'une seule avec l'effectif de deux, c'est-à-dire six cents *cadets* et on la supprima le 22 décembre 1733.

Ici se place une nouvelle interruption de dix-huit ans dans l'instruction des jeunes gentilshommes se destinant à la carrière des armes. Une telle situation ne pouvait se prolonger sans inconvénients. Mme de Pompadour, qui gouvernait à cette époque et le roi et la France, jalouse de la popularité qu'avait valu à Mme de Maintenon la fondation des demoiselles de Saint-Cyr, poussée de plus, comme nous l'avons dit, par Pâris-Duverney, Mme de Pompadour obtint de Louis XV, par lettres patentes du 22 janvier 1751, la création d'un établissement destiné à recevoir au nombre de cinq cents, « les fils de gentilshommes nés sans biens ou morts à la guerre ».

L'institution de l'École militaire de Paris est une des rares créations du règne de Louis XV. Le préambule de l'édit de fondation mérite d'être cité, tant pour la noblesse et la dignité du ton, qu'à cause de l'intérêt qu'il offre en faisant connaître les vues et les intentions du fondateur. « Après l'expérience que nos prédécesseurs et nous avons faite de ce que peuvent sur la noblesse française les seuls exemples de l'honneur, que ne devrions-nous pas attendre, si tous ceux qui la composent y joignaient les lumières acquises par une heureuse éducation? Mais nous n'avons pu envisager sans attendrissement que plusieurs d'entre eux, après avoir consommé leur bien à la défense de l'État, se trouvassent réduits à laisser sans éducation des enfants qui auraient pu servir d'appui à leurs familles et qui éprouvassent le sort de périr et de vieillir dans nos armées, avec la douleur de prévoir l'avilissement de leur nom, dans une postérité hors d'état d'en soutenir le lustre. Nous avons résolu de fonder une *École militaire,* et d'y faire élever sous nos yeux cinq cents gentilshommes, nés sans biens, dans le choix desquels nous préférerons ceux qui, en perdant leurs pères à la guerre, sont devenus les enfants de l'État. Nous espérons même que le plan qui sera suivi dans l'éducation des cinq cents gentilshommes, que nous adoptons, servira de modèle aux pères qui sont en état de la procurer à leurs enfants ; en sorte que l'ancien préjugé qui a fait croire que la valeur seule fait l'homme de guerre, cède insensiblement au goût des études militaires que nous aurons introduit. Enfin, nous avons considéré que si le feu roi a fait construire l'hôtel des Invalides pour être le terme honorable où viendraient finir paisiblement leurs jours ceux qui auraient vieilli dans la profession des armes, nous ne pouvons mieux seconder ses vues qu'en fondant une école où la jeune noblesse qui doit entrer dans cette carrière puisse apprendre les principes de la guerre, etc. »

On sera étonné de lire la signature de Louis XV à la suite d'un édit dont les dispositions sont si pleines de grandeur, de bon sens et de sagesse. Voici maintenant quelques détails sur cette primitive école militaire qui a duré de 1758 à 1787. Pendant la construction des bâtiments, les jeunes gentilshommes envoyés par les collèges militaires de Sorèze, Brienne, Rebais, Beaumont, Pont-le-Voy, Vendôme, Effiat, Pont-à-Mousson et Tournon, qui formaient autant d'écoles préparatoires à l'École de Paris, avaient été provisoirement réunis au château de Vincennes. Ce ne fut qu'en 1756 que la construction de l'École militaire fut terminée.

L'édit de Louis XV avait fixé, comme nous l'avons dit, le nombre des élèves de l'École militaire à cinq cents ; les conditions d'admission qui furent réglées par cet édit divisaient les aspirants en huit classes. Les deux premières comprenaient les enfants orphelins dont les pères étaient morts à la guerre, ou par suite de blessures ou d'infirmités reçues au service ; venaient ensuite, au troisième et au quatrième rang, les enfants qui avaient encore leurs mères, et qui avaient perdu leurs pères, soit au service, soit par suite de blessures, soit de mort naturelle après trente ans passés sous les drapeaux. Les enfants jouissant d'une fortune particulière, mais fils de militaires morts au service ou à la suite d'infirmités contractées à l'armée, formaient la cinquième et la sixième classe. Enfin les deux dernières se composaient des enfants dont les ancêtres avaient servi, ou qui se trouvant dans l'indigence, avaient besoin des secours du roi.

Les élèves appartenant à ces huit catégories étaient logés, nourris et instruits aux frais de l'État.

Indépendamment de ces boursiers, on admit un certain nombre d'étrangers qui payaient une pension de 2 000 livres.

La nouvelle institution était une lourde charge pour les finances, où régnait depuis quelque temps un certain désordre. Pour parer aux premières dépenses de construction, on imposa les cartes à jouer et l'on établit plus tard, pour subvenir à l'entretien de l'école, par arrêt du 15 octobre 1754, une loterie spéciale dite de *l'École militaire*. Douze ans après, les religieux de la mense abbatiale de Saint-Jean de Laon sont tenus de payer au trésorier de l'hôtel une rente annuelle de 12 000 livres, qui se confond avec une première rente de 4 000 livres payée par le maréchal de Belle-Isle.

Sous l'ancien régime, il n'y avait pas, comme de nos jours, de concours ouvert parmi les architectes, ni d'études préalables du projet soumises à l'appréciation du public ou des connaisseurs. Le roi désigne tout simplement, pour dresser le plan et diriger les travaux, Gabriel, son architecte, et immédiatement on se met à l'œuvre avec l'argent provenant, comme nous l'avons dit, de l'impôt sur les cartes à jouer.

Cette manière de procéder nous étonne sans doute, mais lorsqu'on voit les chefs-d'œuvre d'architecture que nous a laissés cette époque, on est tout prêt à pardonner à l'irrégularité des procédés employés. Tout est relatif; nos pères ne se choquaient pas d'une chose qui nous offusque aujourd'hui, *autres temps, autres mœurs.*

Le terrain qui s'étendait entre la Seine et l'École militaire était, au moment de la construction de l'édifice, occupée par des maraîchers. Le roi décida qu'il serait aplani et servirait de champ de manœuvre aux jeunes officiers futurs. Ce champ de manœuvre reçut alors le nom du dieu de la guerre. On l'appela le *Champ-de-Mars*, nom qu'il a conservé jusqu'à nos jours.

Lorsque le Champ-de-Mars eut été établi, on consacra ce vaste emplacement aux revues des régiments des gardes françaises, des gardes suisses, et comme nous l'avons dit, à l'instruction pratique des élèves de l'École.

Dans ce dernier but, on éleva à l'une de ses extrémités, près de la Seine, un ouvrage appelé le fort *Timbrune* (du nom de M. de Timbrune, gouverneur de l'École) au moyen duquel on donnait *de visu* des notions exactes de fortification à ces jeunes gens.

L'École militaire de Paris, telle que l'avait créée le décret du roi Louis XV, subsista jusqu'au 1ᵉʳ février 1776; mais à cette date, Louis XVI rendit une ordonnance qui la supprimait, comme trop onéreuse, et la remplaçait par des écoles militaires provinciales.

Les élèves furent répartis entre les dix collèges qui, sous Louis XV, formaient des élèves pour l'école de Paris.

C'étaient, on s'en souvient : Sorrèze, Brienne, Tiron, Rebais, Pont-le-Voy, Effiat, Pont-à-Mousson, Tournon et Beaumont. La direction en fut confiée à des religieux bénédictins, oratoriens et minimes.

Les plus grands parmi les élèves furent constitués en compagnies de cadets; les plus forts en mathématiques furent envoyés à Mézières et à la Fère.

En 1777, on rétablit en quelque sorte l'état de choses ancien, par la formation, à l'École militaire de Paris, d'une compagnie de cadets, qui se recrutait parmi les meilleurs sujets des écoles provinciales.

C'est ainsi que Napoléon Bonaparte, entré à Brienne en 1779 à l'âge de dix ans, arriva le 22 octobre 1784 à la compagnie de cadets de l'École militaire, qui se trouvait ainsi une véritable école d'application.

Le chevalier de Kéralio était à cette époque sous-inspecteur des écoles de province, dont le marquis de Timbrune de Valence, maréchal de camp, gouverneur de l'école de Paris, était l'inspecteur général. Il accorda à Napoléon, à l'école de Brienne, une dispense d'âge et même une faveur d'examen pour être admis à l'école de Paris.

« Napoléon, dit M. de Norvins, dans son histoire de l'empereur, n'avait fait des progrès que dans l'étude de l'histoire et des mathématiques, et les moines de Brienne voulaient le garder encore une année pour le perfectionner dans la langue latine. « Non, dit M. de Kéralio, j'aperçois dans ce jeune homme une étincelle qu'on ne saurait trop cultiver. » Et il donna à l'élève la note suivante :

M. de Bonaparte (Napoléon), né le 15 août 1769, taille de quatre pieds, dix pouces, dix lignes, a fait sa quatrième ; de bonne constitution, santé excellente ; caractère soumis, honnête et reconnaissant ; conduite très régulière ; s'est toujours distingué par son application aux mathématiques ; il sait très passablement son histoire et sa géographie ; il est assez faible dans les exercices d'agrément et pour le latin ; ce sera un excellent marin ; mérite de passer à l'école de Paris.

Bonaparte fut donc de 1784 à 1785 *élève du roi* — c'est ainsi qu'on les appelait — à l'École militaire. Il demeurait dans une petite cellule sous les toits. Par une étroite lucarne, il dominait ce Champ-de-Mars où, dix-neuf ans plus tard, le front ceint de la couronne impériale, il devait distribuer à ses soldats, ces enseignes immortelles : *les Aigles de la Grande Armée !*

Le 1ᵉʳ septembre 1785, Bonaparte fut nommé lieutenant en second de la compagnie des bombardiers d'Autun au régiment de la Fère.

Tous les élèves des écoles de province, s'ingéniant à venir à Paris, la compagnie de cadets prit des proportions exagérées ;

elle monta de deux cents à sept cents sujets. Le trésor ne pouvant subvenir à tant de frais, l'école de Paris fut de nouveau supprimée en octobre 1787, et les jeunes gens furent répartis encore une fois dans les écoles de province, dont le nombre fut porté à douze par la création de celles d'Auxerre et de Dôle.

Nous avons trouvé dans le magnifique album de Charlet une planche qui représente Napoléon à l'École militaire. Le futur empereur s'est éloigné de ses camarades, et après avoir déposé son fusil, il a tracé sur un mur des profils de fortifications. L'air sérieux et profondément méditatif du jeune homme a été admirablement rendu par le puissant crayon de l'artiste. Au-dessous de la légende du dessin se trouve un extrait des règlements et ordonnances de 1771 à 1776 touchant le costume des élèves de l'École militaire, et nous avons cru intéressant de le reproduire à titre de document.

Extrait des règlements et ordonnances de 1771 à 1776.

(1751). Art. 18. Les élèves seront vêtus d'un uniforme. (1759). Un domestique leur fera la queue, le perruquier leur fera deux boucles.

(1769). Ils ne prendront le chapeau bordé qu'aux jours où l'ordre en sera donné.

(1776). Uniforme : habit bleu, parements et collet rouges, boutons blancs, veste bleue, culotte noire, guêtres blanches, la queue et le toupet en brosse.

Nous n'avons trouvé aucun ouvrage donnant les noms des différents gouverneurs de l'École militaire, et c'est en compulsant à la Bibliothèque nationale les annuaires royaux d'avant la Révolution que nous avons pu reconstituer la liste des différents officiers généraux qui ont commandé l'École de 1752 à 1787, date de sa suppression.

De 1752 à 1754, c'est le comte d'Argenson, ministre secrétaire d'État de la guerre, qui est désigné avec le titre de *surintendant* de l'École. M. Pâris-Duverney en est *l'intendant*. En 1754, M. le marquis de Sallières, lieutenant général, est désigné sur l'annuaire avec le titre de *gouverneur*. De 1755 à 1774, nous trouvons M. le chevalier de Croismare, maréchal de camp, lieutenant pour le roi, *commandant en chef* de l'École.

En 1774, M. le chevalier de Bongars, brigadier des armées du roi, lieutenant du roi (*intérimaire*).

En 1775, M. le marquis de Timbrune de Valence, maréchal de camp, est nommé *gouverneur*. C'est le dernier gouverneur de l'École.

En 1776, le marquis de Timbrune de Valence ajoute à ses fonctions de gouverneur celles d'inspecteur des écoles de province.

M. le chevalier de Kéralio, sous-inspecteur, habite avec le marquis de Timbrune à l'École militaire.

C'est ainsi que dans une de ses inspections le chevalier fut appelé à examiner le jeune Bonaparte à l'école de Brienne.

Nous avons vu qu'en 1787, la suppression de l'École militaire avait été définitive.

Le local de l'Ecole fut alors mis à la disposition de la ville de Paris pour être transformé en succursale de l'Hôtel-Dieu, mais ce projet n'eut pas de suite.

La Révolution survint. En 1793, l'École militaire fut mise à peu près au pillage, perdit sa bibliothèque, composée de cinq mille volumes, tous les biens qui formaient sa dotation, qui furent vendus, et elle devint une caserne de cavalerie.

Il fallait cependant une instruction spéciale pour la jeunesse qu'on envoyait aux armées.

Barrère proposa à la Convention, le 13 prairial an II (1er juin 1794), d'organiser une école dite École de Mars, (*où trois mille jeunes gens, pris parmi les sans-culottes appartenant à l'armée, recevraient les leçons de la frugalité*).

Cette école fut en effet établie dans la plaine des Sablons et sur la lisière du bois de Boulogne.

Les élèves, pour compléter les leçons de *frugalité* que réclamait Barrère, couchèrent sous la tente pour s'accoutumer à braver les intempéries des saisons et s'endurcir en vue des fatigues de la guerre.

La moitié des élèves devait être prise dans les campagnes, l'autre moitié dans les villes. Chaque district ou arrondissement

désigna six fils de citoyens de seize à dix-sept ans et demi ;
Paris seul en fournit quatre-vingts.

Le choix ne pouvait tomber que sur des enfants peu fortunés,
et, par préférence, sur ceux des volontaires blessés ou présents
aux armées.

Quatre mois après l'organisation de cette école, la Convention en prononça le licenciement, en déclarant toutefois qu'elle
était satisfaite de la conduite et de la discipline des élèves.

Nous avons trouvé dans la *Collection raisonnée des uniformes français*, illustrée par Horace Vernet et Eugène Lami, la
description du ridicule uniforme dont la Convention avait cru
devoir revêtir les élèves de l'École de Mars. Le glaive dont ils
étaient armés semble une réminiscence de l'antiquité à laquelle
on sacrifiait tout à cette époque : costumes, meubles, arts, architecture, etc.

Voici maintenant la description du costume, telle qu'elle est
donnée dans l'ouvrage cité plus haut :

« *École de Mars* : tunique bleue bordée de dents de loup
rouges, dessins en or sur la poitrine et sur les épaules ; col
de chemise rabattant, ceinture servant de porte-cartouches,
en tigre, bordée de drap rouge ; cocarde sur le cœur ; pantalon rouge collant, galonné sur les coutures, en dedans et en
dehors de la jambe ; brodequins noirs ; toque noire, surmontée
d'un panache tricolore ; épée romaine (1). »

Le 30 frimaire an III, une fête militaire fut donnée au
Champ-de-Mars par les élèves de l'École de Mars. Dans cette
petite guerre, Merlin de Thionville et le représentant Milhaud,
qui a acquis, depuis, une grande réputation comme général de
cavalerie, s'étaient mis, aides de camp volontaires, sous les
ordres des commandants de l'attaque et de la défense, aux acclamations joyeuses de tous les élèves.

Pour terminer l'action, un fort construit à la légère dut
sauter, et on peut en voir l'explosion sur la gravure que nous

---

(1) Sous le premier Empire, étaient casernés à l'École militaire les marins
de la garde, les grenadiers à cheval et les chasseurs à cheval, plus une
partie des dépôts des fusiliers, des tirailleurs, des voltigeurs et des flan-
queurs de la garde.

avons sous les yeux, et qui est tirée d'un journal illustré, dont le titre manque, mais que nous supposons devoir être *l'Illustration*. La notice qui accompagne ce dessin ajoute : « mais ce ne fut pas sans quelques blessures reçues dans l'ardeur du combat. »

CHAPITRE II

Nous parlerons maintenant de l'édifice en lui-même, qui ne manque, pour être jugé à sa juste valeur, que de se trouver au milieu de Paris et mis en comparaison avec les autres monuments. Nous raconterons ensuite les différentes cérémonies et événements qui ont eu lieu à l'École militaire.

Le principal corps de cet imposant édifice, certainement l'un des plus grands ouvrages du dernier siècle, et qui ressemble par sa masse d'architecture au palais de Saint-Jean de Latran, à Rome, est de deux cours, dont la première a 140 mètres carrés et la seconde 90; l'emplacement qu'elle occupe, et qui comprend aussi le bâtiment entier, forme un parallélogramme de 440 mètres de long et de 260 de large.

Il y a deux entrées principales : celle du midi, place Fontenoy, qui est fermée par une grille de fer, et celle qui s'ouvre sur le Champ-de-Mars. Outre les deux grandes cours et les cours adjacentes, on trouve à l'entour du bâtiment des jardins et des constructions d'une architecture simple et appropriée aux besoins de l'établissement.

On remarquait encore, il y a quelque temps, sur les deux faces des bâtiments en ailes qui s'avancent jusqu'à la première grille, deux frontons ornés de peintures en grisaille à fresque, exécutées par Gibelin; l'effet du bas-relief y était très bien imité, mais les intempéries des saisons les ont complètement fait disparaître.

La première de ces peintures, à droite, représentait deux athlètes, dont l'un arrêtait un cheval fougueux ; la seconde, à gauche, près du manège, était une allégorie de l'étude, accompagnée des attributs des sciences et des arts.

Il est regrettable que l'on n'ait pas pris soin de conserver ces très remarquables peintures du dix-huitième siècle.

Le génie militaire a été sans pitié, il a fait blanchir à la chaux ce qui restait des grisailles de Gibelin.

Au milieu de la cour d'honneur, on voyait autrefois une statue à pied de Louis XV, par Lemoine ; elle fut déposée depuis au musée des monuments français. Le principal corps du bâtiment, du côté de la cour, est décoré d'un ordre de colonnes doriques, surmonté d'un ordre ionique ; au milieu s'élève un avant-corps d'ordre corinthien, dont les colonnes embrassent les deux étages ; il est couronné d'un fronton et d'un attique.

La façade du côté du Champ-de-Mars est décorée d'un seul avant-corps de colonnes corinthiennes semblables au précédent.

Au centre est un vestibule à quatre rangs de colonnes d'ordre toscan, ouvert de trois portes sur les deux faces ; on y voyait les statues du maréchal de Luxembourg, par Mouchy, de Turenne, par Pajou, du grand Condé, par Rolland, du maréchal de Saxe, par d'Huez.

Au premier étage, la salle du conseil et quelques autres salles étaient ornées, autrefois, de tableaux représentant les batailles de Fontenoy et de Lawfeld, les sièges de Tournay, de Fribourg, de Menin, d'Ypres et de Furnes, peints par Beaufort, Lagrenée l'aîné et Doyen. On ne sait trop pourquoi ces tableaux ont disparu.

En 1768, le duc de Choiseul, alors ministre de la guerre, ordonna la construction d'un observatoire à l'École militaire.

L'astronome Lalande fut chargé de ce soin. Il voulait établir un grand quart de cercle mural qui manquait à l'Observatoire du faubourg Saint-Jacques. Après de grandes difficultés, Lalande obtint, en 1774, la permision d'établir son cercle mural. Mais, peu après, l'Observatoire de l'École militaire fut démoli, et ce ne fut qu'en 1788 que le maréchal de Ségur, alors ministre de la guerre, autorisa Lalande à reconstruire son instrument en le perfectionnant.

L'astronome a fait exhausser de deux petits étages une partie du bâtiment en aile à gauche de la première cour ; il a fait un massif pour porter une lunette et, dans la direction du méridien, un mur pour recevoir le quart de cercle mural.

La chapelle n'a été construite qu'en 1769. L'archevêque de Paris en bénit la première pierre le 5 juillet de la même année, en présence du roi Louis XV. Le roi accomplit alors la cérémonie de la pose, entouré de toute sa cour. La chapelle, d'une grande simplicité, n'offre rien de remarquable. Seul le maître-autel, en marbre blanc, transporté après la guerre de 1870 à l'église de Saint-Pierre du Gros-Caillou, méritait d'être mentionné.

Les élèves de l'École militaire avaient une garnison composée de soixante-huit invalides pour l'extérieur, et une compagnie de sous-officiers était chargée du service intérieur.

L'état-major se composait d'un gouverneur, d'un lieutenant du roi, d'un major, de trois aides et de trois sous-aides-majors, de quatre capitaines des portes et de deux écuyers. L'administration était dirigée par un intendant, un trésorier, un secrétaire du conseil garde des archives, un inspecteur contrôleur général, un sous-contrôleur.

Le spirituel de l'École était confié à cinq docteurs en Sorbonne et à un chapelain ; l'archevêque de Paris en avait la haute surveillance ; enfin le service de santé était fait par un médecin, un chirurgien-major et un chirurgien-herniste. On voit qu'on se préoccupait autant à cette époque de la santé de l'âme que de celle du corps. Les théories matérialistes et athées n'avaient pas, heureusement, encore envahi la vieille société française.

Un conseil d'administration, un conseil d'économie et un conseil de police, présidés par le ministre de la guerre, dirigeaient la partie financière et disciplinaire de l'École.

Nous avons vu qu'un arrêt du conseil, du 9 octobre 1787, avait prononcé la suppression définitive de l'École. La Convention nationale décréta, le 13 juin 1793, la vente de tous les biens formant la dotation de l'hôtel, que l'on transforma en caserne.

Bonaparte a étudié l'art de la guerre à l'École militaire ; ce souvenir suffit pour immortaliser l'établissement qui a formé un tel élève. Devenu premier consul, il y établit son quartier général ; empereur, il y installa sa garde, et l'on se souvient encore d'avoir lu sur la frise de la façade, du côté du Champ-de-Mars, ces mots : *Quartier Napoléon*. Aujourd'hui, les vastes bâtiments de cet édifice servent de caserne à différents corps de la garnison de Paris. Après le 4 septembre 1870, on a enlevé l'écusson aux armes impériales qui surmontait la grille du quartier de cavalerie et ceux, sculptés dans la pierre et qui décoraient les frises des deux bâtiments situés à chaque extrémité de la façade et qui portent encore écrit en lettres d'or au-dessus des portes d'entrée : *cavalerie, artillerie*.

C'est à l'École militaire qu'eut lieu, en 1797, la veille du coup d'État du 18 fructidor, l'arrestation des conspirateurs de Presle, l'abbé Brottier et La Villeheurnoy, au moment où ils développaient leur plan au chef d'escadron Malo, qui y était caserné. Cette conspiration, qui fut encouragée et payée par l'Angleterre, avait pour but de replacer Louis XVIII sur le trône de France. Le célèbre général Pichegru, commandant l'armée de Rhin et Moselle, et dont le général Moreau avait saisi la correspondance secrète dans le fourgon d'un général ennemi, en était l'âme. M. de Vaulabelle, dans son *Histoire des deux Restaurations*, nous dit qu'on offrit à Pichegru, qui l'accepta, la dignité de maréchal de France et le gouvernement de l'Alsace, le cordon rouge, le château de Chambord avec son parc, un million comptant, une rente de 200 000 livres et un hôtel à Paris.

Aux élections de l'an V (mai 1797), une majorité décidée à appuyer la contre-révolution s'était formée dans les deux conseils, aux Anciens et aux Cinq-Cents, et Pichegru avait été nommé président du conseil des Cinq-Cents. Les conspirateurs avaient de plus des complices jusque dans le sein du Directoire.

La République était sérieusement menacée ; mais le 18 fructidor, exécuté grâce à l'appui du général Augereau, étouffa la conspiration. Pichegru, arrêté, fut envoyé à Sinnamari avec plus de cinquante représentants. Parmi les proscrits se trouvaient Carnot et Barthélemy. Pichegru s'évada de Sinnamari et revint secrètement en France, en 1804, pour s'associer à Georges Cadoudal, dans le but d'assassiner le premier consul Bonaparte. Arrêté et enfermé au Temple, il s'étrangla dans sa prison.

En 1830, on renversa la statue que les Bourbons avaient cru devoir lui élever à Besançon.

C'est à l'École militaire qu'à son retour du camp de Boulogne Napoléon, prêt d'entreprendre la campagne d'Austerlitz, fut harangué par le préfet de la Seine qui lui présenta les clefs de la ville de Paris.

Au siècle dernier, la plaine de Grenelle était formée par les terrains vagues qui s'étendaient à l'ouest et au sud de l'École militaire et se trouvait limitée par le mur d'enceinte, ce fameux mur d'enceinte qui avait fait dire aux Parisiens, lorsqu'il fut élevé, en 1784 :

> Le mur murant Paris
> Rend Paris murmurant.

La construction des fortifications, en 1840, sous le ministère de M. Thiers, devait soulever les mêmes récriminations.

C'est contre la partie du mur d'enceinte touchant à l'ancienne barrière de Grenelle qu'avait lieu, sous le premier Empire et jusqu'à l'avènement de Napoléon III, les exécutions militaires. Ce fut à cet endroit que le général Malet et ses complices furent fusillés, le 29 octobre 1812. La meilleure preuve que l'on puisse donner que les exécutions militaires pouvaient encore avoir lieu à cet endroit jusqu'à la première moitié du siècle, ce sont les paroles que le général Magnan adressait aux généraux de l'armée de Paris, le 28 novembre 1851, quelques jours avant le coup d'État : *Seul responsable, messieurs*, leur disait-il, en terminant son allocution, *c'est moi qui porterai, s'il y a lieu, ma tête à l'échafaud ou ma poitrine à la plaine de Grenelle.*

Parmi les exécutions célèbres qui eurent lieu sous le premier Empire à la plaine de Grenelle, M. A. Bardoux, dans son livre si intéressant, *Madame de Custine*, raconte l'exécution d'Armand de Chateaubriand, cousin de l'auteur des *Mémoires d'outre-tombe* :

« Son parent, du même nom que lui. Armand de Chateaubriand, demeuré hors de France, s'était imprudemment engagé, comme correspondant des princes, à débarquer sur les côtes de Normandie. Depuis treize jours, il était au secret. Chateaubriand en fut instruit. Il supplia Mme de Custine de l'accompagner chez Fouché. Elle ne s'y refusa pas. Fouché nia qu'Armand eût été arrêté. Plus tard, quand il fut obligé d'en convenir, il dit qu'il avait voulu cacher son arrestation.

« Le vendredi saint de l'année 1809, Armand de Chateaubriand et ses deux coaccusés, le comte de Goyon et un domestique nommé Quintal, furent conduits à la plaine de Grenelle pour être exécutés.

« Averti au dernier moment, René voulut accompagner son camarade, son parent, sur son dernier champ de bataille. Il ne trouva pas de voiture et courut à pied à la plaine de Grenelle.

« Il arriva tout en sueur, une seconde trop tard. Armand gisait contre le mur d'enceinte de Paris, la tête fracassée. Un chien de boucher léchait son sang et sa cervelle (*Mémoires d'outre-tombe*). René suivit la charette qui conduisit le corps d'Armand au cimetière de Vaugirard.

« A son retour, il laissa, chez Mme de Custine, ce billet, plus éloquent dans sa brièveté qu'une oraison funèbre :

« J'arrive de la plaine de Grenelle. Tout est fini. Je vous
« verrai dans un moment. »

« Astolphe de Custine assure qu'il apportait à sa mère un mouchoir trempé dans le sang du malheureux Armand. »

Comme nous le disions plus haut, c'est près de l'École militaire, contre le mur d'enceinte, que furent fusillés le général Malet et ses complices.

On sait que le projet du général était de faire croire à la mort de l'empereur, alors en Russie, et de profiter du trouble causé par cette nouvelle pour changer le gouvernement.

Depuis 1808, Malet était incarcéré dans une maison de santé

du faubourg Saint-Antoine, à cause de ses opinions républicaines ; mais comme la surveillance était assez relâchée dans la maison du docteur Dubuisson, il parvint à s'en échapper dans la nuit du 22 au 23 octobre 1812, avec l'abbé Lafon, royaliste, agent des princes, correspondant des comités établis en Vendée, et détenu avec lui.

Nous n'entrerons pas dans le détail de la conspiration qui, bien qu'on en ait dit, n'avait, malgré l'audace avec laquelle elle fut exécutée, aucune chance de réussir. Si elle n'avait échoué à l'hôtel de la place Vendôme, elle eût manqué certainement soit au ministère de la guerre, soit aux Tuileries.

Les autorités, qui avaient perdu la tête avec Cambacérès, Frochot et Pasquier, ne devaient pas tarder à se ressaisir au coup de pistolet tiré par Malet contre le général Hulin, l'ancien sergent des gardes françaises, un des vainqueurs de la Bastille, devenu en 1804 le président du conseil de guerre qui jugea le malheureux duc d'Enghien.

Grâce à l'énergie du commandant de la place de Paris, secondé par le chef d'état-major Doucet et un autre officier de la place nommé Laborde, les soldats de la garde impériale accoururent, débarrassèrent l'hôtel de la place de ses assaillants et firent prisonniers ceux qui étaient venus faire des prisonniers.

A midi tout était terminé et les autorités, un moment surprises, rétablies dans leurs fonctions.

On riait bien un peu dans Paris d'avoir vu le ministre de la police enlevé, mais un grand contentement se faisait aussi sentir dans le public à la suite du rétablissement de l'ordre.

L'affaire ne traîna pas. Une commission militaire, présidée par le général comte Dejean, fut aussitôt réunie pour juger Malet et ses complices.

On se souvient de la réponse de Malet au président du conseil de guerre lui demandant s'il avait d'autres complices : *L'Europe, la France et vous-même, si j'avais réussi*, lui dit-il.

Quatorze des accusés furent condamnés à mort, et douze exécutés, le 29 octobre, à la plaine de Grenelle.

Nous empruntons à E. Marco de Saint-Hilaire, dans ses *Sou-*

venirs intimes du Consulat et de l'Empire, ce qui a trait à l'exécution.

« Le jeudi 29 octobre 1812, dans l'après-midi, par une pluie fine et glaciale, on vint chercher les condamnés à la prison de l'Abbaye. A trois heures moins un quart, sept fiacres, entourés de gendarmes à cheval et d'un demi-escadron de dragons, étaient venus se ranger devant la porte de la prison.

« Quelques minutes après, les condamnés montèrent, deux par deux, dans les fiacres dont ils occupèrent les places du fond ; deux gendarmes se mirent sur le devant.

« Le triste cortège se mit en marche pour la plaine de Grenelle entre une double haie de dragons ; un piquet de gendarmerie ouvrait et fermait la marche. Il passa par la rue Sainte-Marguerite, la place Taranne, la rue de Grenelle-Saint-Germain jusqu'aux Invalides, puis, suivant l'avenue de Lamotte-Piquet, il longea l'École militaire devant laquelle se pressait la foule. *Citoyens,* s'écria en passant Malet, *je tombe, mais je ne suis pas le dernier des Romains !*

On avait développé à la plaine de Grenelle un grand appareil militaire ; chacun des corps en garnison à Paris y avait envoyé un fort détachement. La 10ᵉ cohorte, dont plusieurs compagnies s'étaient laissées détourner de leur devoir par Malet et ses complices, y était rassemblée tout entière et sans armes. Celles des compagnies dont les officiers allaient être fusillés avaient l'habit retourné.

Ces troupes formaient un carré qui cependant n'avait que trois côtés ; le quatrième, resté vide pour donner passage aux balles, était formé par le mur d'enceinte.

Au milieu de ce carré, on voyait deux pelotons de vétérans. Le premier composé de cent vingt hommes, et le second de trente seulement (appelé *peloton de réserve*), devaient exécuter le jugement.

A droite, dans l'encoignure formée par le bâtiment de la barrière, on voyait quatre charrettes conduites par des infirmiers du Val-de-Grâce, vêtus de vestes grises à collet bleu, destinées à emporter les corps des suppliciés.

A peine l'horloge de l'École militaire avait-elle achevé de

sonner quatre heures, qu'un long murmure, parti de la foule, annonça l'arrivée des condamnés. En même temps, on vit déboucher un piquet de gendarmes au grand trot, le sabre nu, et précédant les voitures. Les condamnés descendirent, et, sur un signe de l'officier de gendarmerie qui devait présider à l'exécution, les tambours battirent aux champs jusqu'à ce que les condamnés fussent arrivés au centre du carré. Tous, la tête découverte, marchaient d'un pas ferme, Malet le premier, le regard fier, Lahorie le second, Guidal le troisième, puis venaient les autres.

« Ils sont bien jeunes, » avait dit Malet en regardant les conscrits qui formaient le carré, « trop jeunes », avait-il répété ; puis, arrivé en face du peloton de vétérans chargé de l'exécution : « Ceux-là, ils sont bien vieux, » répéta-t-il de même.

Les condamnés furent adossés au mur d'enceinte, sur un rang, Malet au milieu. On devait faire feu sur eux en même temps.

Alors l'officier de gendarmerie fit battre un ban, puis le capitaine rapporteur s'approcha et lut à haute voix le jugement de la commission militaire. Lorsque cette lecture fut terminée, Malet demanda la permission de commander le feu, ce qui lui fut accordé.

Au commandement de : *Feu !* cent vingt balles criblèrent à bout portant ces malheureux, qui tombèrent tous, excepté Malet.

Tout ruisselant de sang, il fit un pas en avant en s'écriant : *A moi le peloton de réserve !*

A la seconde décharge, Malet tomba la face contre terre ; mais comme il n'était pas mort, on fut obligé de lui donner *le coup de grâce.*

Tout cela est certainement très dramatique ; mais ce conspirateur, traître à son souverain et cherchant à faire une révolution au moment où l'armée française éprouve un des plus grands désastres de son histoire, mérite-t-il une statue ?

Le 19 août 1815, le colonel de Labédoyère fut fusillé à la plaine de Grenelle.

C'est contre l'École militaire que furent successivement élevées les estrades destinées à recevoir les personnes de la cour et les hauts personnages qui assistèrent à la distribution des aigles, le 3 décembre 1804; à la distribution des drapeaux blancs, le 7 septembre 1814, à la première restauration; au champ de mai de 1815; enfin à toutes les cérémonies qui eurent lieu au Champ-de-Mars, jusques et y compris la distribution des aigles du 10 mai 1852, sept mois avant le rétablissement de l'Empire.

Nous allons raconter avec quelques détails la brillante fête qui fut donnée à l'École militaire à l'occasion de cette dernière cérémonie.

Il y eut bal et souper pour *dix mille* invités, dont trois mille dames.

La cour d'honneur avait été métamorphosée en un palais féerique qui se décomposait ainsi :

En premier lieu, salon de bal. Ce salon, de 65 mètres de long sur 25 de large et sur 20 de hauteur, ce qui l'élevait au-dessus du fronton de l'École militaire, avait la forme d'une vaste tente; partout des trophées d'armes, des cavaliers à cheval, des panoplies, des armures de toutes les époques, éclairées au reflet de quarante mille bougies, lui donnaient l'aspect d'un musée d'artillerie paré pour un jour de gala.

Ce salon était complété par deux galeries latérales de la même longueur et larges de 18 mètres et demi. C'était là que les curieux, assis sur les estrades qui s'élevaient au-dessus du rez-de-chaussée et sur deux rangs de fauteuils du premier étage, pouvaient embrasser le magnifique coup d'œil de la salle de bal.

Entre autres dépendances, je citerai le salon de conversation et le salon de jeu, les six vestiaires et, dans la première cour, une marquise pouvant abriter deux mille voitures.

En second lieu, la salle de banquet et les deux galeries de rafraîchissements. Qu'il nous suffise de dire que la salle de banquet était disposée pour recevoir six cents convives à la fois. Voici, pour l'édification des lecteurs, une partie du menu officiel de ce pantagruélique festin. La consommation qui s'est faite dans cette soirée a été de : 99 poissons, 66 galantines, 114 pâtés, 10 rosbifs, 96 jambons (48 Westphalie, 48 Bayonne), 60 hures de sangliers, 18 pâtés de foie gras, 100 mayonnaises de homard, 192 poulets rôtis, 1000 bottes d'asperges, 210 pièces pâtisserie, 444 assiettes petits fours, 12000 pains, 444 assiettes de fruits, 3074 bouteilles de vin de Champagne et 5460 de Bordeaux, 30000 glaces, sorbets, chocolat, 26000 verres de punch, 17000 verres de sirops assortis, 450 kilogrammes de gâteaux, petits fours, bonbons, caramels, etc.

Le service des tables et buffets était fait par 292 maîtres d'hôtel.

La fête fut digne de ces gigantesques préparatifs.

Personne, parmi les dix mille élus, n'a oublié le saisissant spectacle dont il a été frappé lorsque, sortant d'une interminable queue de voitures qui se prolongeait jusqu'au boulevard Bonne-Nouvelle, il a pu pénétrer dans le vestibule, d'où l'on entrait dans les trois salles de bal. Ce vestibule, chef-d'œuvre de goût et d'ornementation dans le style militaire, était garni d'étendards et d'armures qui couvraient les murs ; les piliers disparaissaient sous un treillis de sabres-poignards reflétant la lumière des lustres. Entre les trophées s'élevaient des pilastres formés de canons de fusils polis et enchâssés comme des buffets d'orgues, que terminaient des chapiteaux modelés avec des crosses de pistolets et que défendaient des balustrades formées de sabres de cavalerie. Sur le premier rang, des canons dorés de la tête au pied et des mortiers revêtus de la même parure se dressaient bourrés de fleurs en guise de mitraille. Partout les fleurs se mêlaient à l'éclat de l'acier et du fer ; les guirlandes, les couronnes, les bouquets offerts aux dames, transformaient cette vaste enceinte en corbeille embaumée.

Et l'on ne voyait encore que le vestibule ; un spectacle bien plus merveilleux attendait les invités dans les salles de bal.

Les proportions des trois salles, de celle du milieu surtout, étaient tellement gigantesques, que bien que littéralement inondées de lumière par quarante mille bougies, l'œil n'en pouvait, à l'entrée, discerner le fond ni la forme. On eût dit que des murs de glaces, multipliées à l'infini, représentaient, à des distances imaginaires, les décorations et les feux de la salle.

Pourtant rien n'était plus palpable et plus réel que ce prétendu trompe-l'œil. On marchait, on allait, on n'était pas encore au bout.

Les piliers géants et les murailles étaient tendus, dans toute leur colossale superficie, d'une étoffe à ramages jouant la moquette, très chaude à l'œil, ornée partout d'aigles en relief et de médaillons d'or au chiffre L. N.

L'orchestre formidable, dirigé par Strauss, tonnait d'en haut d'une estrade suspendue et aérienne, invisible aux spectateurs. D'autres orchestres militaires faisaient retentir des fanfares dans les deux salles latérales.

L'éclat des diamants, des parures, des costumes, des uniformes français, anglais, écossais, bavarois, prussiens, autrichiens, piémontais, turcs, égyptiens, etc., etc., était vraiment inconcevable. Vers minuit, heure de la foule la plus compacte, la salle ne pouvait mieux se comparer qu'à un océan de feu, ruisselant de pierreries et de dorures.

Je crois que, depuis cette époque, rien de pareil comme souper et comme bal ne s'est vu, si ce n'est cependant quarante et un an plus tard, le dîner de dix mille couverts qui fut offert, en octobre 1893, aux marins russes, au Champ-de-Mars, dans la galerie du Dôme central, perpendiculaire à la galerie des Machines.

CHAPITRE III

Sous le second Empire, l'École militaire fut occupée par les régiments de la garde impériale. Le maréchal commandant la garde était logé dans le pavillon central. Son cabinet était situé au rez-de-chaussée à droite de la colonnade, du côté opposé à la chapelle. Les appartements particuliers et de réception étaient au premier.

C'est au balcon donnant sur le Champ-de-Mars que se plaçaient, les jours de revue, l'impératrice et les personnes de sa maison. On sait que, dans les dernières années de l'Empire, ces solennités militaires eurent lieu à Longchamp.

Le général commandant la division de cavalerie de la garde était logé dans le bâtiment de la cavalerie, et le général commandant la brigade de cavalerie de la garde, en garnison à Paris et à Saint-Germain, ainsi que le colonel du régiment de cavalerie caserné à l'École militaire, dans les bâtiments occupés aujourd'hui par l'École de guerre.

L'aumônier de la garde, l'abbé Maurin, y habitait aussi.

Les *mess* des officiers occupaient les rez-de-chaussée, de chaque côté du pavillon de la cavalerie, l'infanterie à gauche, la cavalerie à droite.

Un des *mess* de l'infanterie avait son entrée avenue de Suffren.

Vers la fin de l'Empire, en décembre 1869, au moment de l'agitation que soulevaient les réunions publiques et la liberté de la presse, une brigade de la cavalerie de la garde fut réunie à l'Ecole militaire pour parer aux événements.

Ce fut celle formée des dragons de l'impératrice et des lanciers, commandée par le général de France. Les colonels étaient : le colonel Sautereau-Dupart, pour les dragons, et de Latheulade, pour les lanciers.

Les régiments, constitués à quatre escadrons de guerre, eurent leurs dépôts à Meaux. Sept escadrons étaient à l'Ecole militaire et un escadron fut détaché à Saint-Cloud.

Qui ne se souvient de ces beaux soldats de la garde impériale, qu'on vit dès 1854, date de la reconstitution de ce corps d'élite, circulant dans Paris, et surtout aux abords de l'Ecole militaire. Leurs superbes uniformes, empruntés à ceux du Premier Empire, mais qu'on avait dû moderniser, frappaient tous les regards. Les guides aux gros kolbacks, le plumet se balançant fièrement, les grenadiers aux hauts bonnets à poil, portant l'habit à la française avec le plastron blanc et les buffleteries croisées sur la poitrine, les voltigeurs, avec le schako à glands, qui rappelait la jeune garde, et les cuirassiers aux grandes bottes fortes, la culotte de peau blanche et le casque à double crinière. C'était vraiment beau et imposant comme l'immortelle épopée dont ils semblaient ressusciter toute la gloire.

En 1856, on revit les dragons de l'impératrice, les chasseurs à cheval de la garde, formés avec le 4e chasseurs d'Afrique, licencié après la guerre de Crimée.

Leurs petits chevaux arabes, à longues queues balayant la poussière, et presque toujours au galop, étaient gais comme le soleil de leur terre natale. Ils semblaient même un peu dépaysés dans nos rues et sur nos boulevards.

Les lanciers de la garde, créés aussi à cette époque, portaient, en souvenir de la garde du roi Louis de Hollande, le père de l'empereur, le kurtka blanc à revers bleus et le schapska avec le plumet rouge en plumes de coq. Cet uniforme un peu criard vu isolément présentait en masse le plus bel aspect et était certainement un des plus brillants de la garde.

L'artillerie portait un costume riche et en même temps sévère. Le dolman de grande tenue des officiers, noir avec tresses d'or, est resté dans le souvenir de tous les contemporains. Les trompettes portaient en grande tenue le dolman blanc avec les tresses rouges.

Le régiment de gendarmerie à pied de la garde, dont l'uniforme ne fut pas modifié jusqu'à la chute de l'Empire, était superbe : habit bleu à la française, plastron rouge, bonnet à poil avec plumet rouge, buffleteries jaunes croisées sur la poitrine, pantalon bleu gendarme. Il alternait avec les autres régiments de la garde pour fournir les postes des Tuileries, du Palais-Royal et de différents palais et ministères.

Rien n'était beau comme la garde montante, sortant de la grille de la cavalerie pour se rendre aux Tuileries. Lorsque, par un beau soleil, cette colonne d'infanterie, précédée des sapeurs aux grands tabliers blancs et suivie de ses deux pelotons de cavalerie (1), s'engageait dans l'avenue de la Motte-Piquet, la foule se pressait sur son passage et, ne pouvant se lasser d'admirer ces brillants uniformes, elle suivait les soldats jusqu'au château, entraînée par ces pas redoublés exécutés par les tambours, les clairons et les fifres jouant en même temps. C'était à faire marcher des morts, et le cœur vous sautait littéralement dans la poitrine.

Et la remise du drapeau à la garde montante dans la cour du vieux palais ! Ah ! ceux qui ont assisté à ce spectacle ne l'oublieront jamais. Je n'y reviendrai cependant pas, l'ayant déjà décrit, avec détails, dans les *Souvenirs d'un lancier de la garde*.

Tous les dimanches, l'aumônier de la garde disait la messe dans la chapelle de l'École militaire. Le maréchal commandant la garde et son état-major y assistaient, dans la tribune, et les régiments fournissaient, à tour de rôle, un piquet en armes

(1) Le peloton d'escorte de l'empereur et celui du Prince impérial.

avec la musique. Une partie de la chapelle était, ce jour-là, réservée au public qui y assistait très nombreux.

Le 8 février 1866, j'assistais, dans la chapelle de l'École militaire, à la cérémonie très touchante de la première commu-
nion des enfants de troupe de la garde. Mgr Darboy, archevêque
de Paris, le futur martyr de la commune, présidait, et, après
la messe, il donna le sacrement de la confirmation aux enfants.
Les généraux, les colonels et beaucoup d'officiers des régiments de la garde, en garnison à Paris, étaient présents.

Derrière eux se groupaient les familles des communiants.
Quant à ceux que la guerre avait faits orphelins, leur père était
représenté par le colonel de leur régiment.

La messe fut célébrée par M. Véron, grand vicaire du diocèse,
et servie par deux enfants de troupe en uniforme.

Après la messe, Mgr Darboy adressa à l'assistance une allocution qui l'impressionna vivement.

Il y avait trente-cinq jeunes communiants.

Un piquet de voltigeurs de la garde rendait, dans l'église,
les honneurs militaires, et la musique du régiment exécuta
plusieurs morceaux d'harmonie sacrée.

Cette pauvre chapelle de l'École militaire est fermée depuis
1870, et l'on a dû en faire un magasin quelconque, car on peut,
aujourd'hui, apercevoir de nombreuses caisses qui l'encom-
brent.

Le maître-autel, en très beau marbre blanc, a été transporté
à l'église Saint-Pierre du Gros-Caillou.

J'ai dit que les *mess* des officiers de la garde se trouvaient,
à l'École militaire, au rez-de-chaussée du bâtiment de la cavalerie et avenue de Suffren. Celui des officiers du train de la
garde était place de Fontenoy.

Ces tables d'officiers méritent qu'on entre ici dans quelques
détails.

Tous les *mess* étaient, en général, bien tenus; mais celui du
régiment des guides, qui avait été le premier régiment de la
garde formé, se distinguait entre tous par son luxe et la façon
dont le service était organisé.

Sous ce rapport, rien ne laissait à désirer. Comme dans tous les régiments de la garde, le service était fait par des cavaliers choisis parmi les hommes ayant été, avant leur incorporation, domestiques dans des maisons où ils avaient pu être déjà suffisamment stylés. Ils étaient tous rasés et portaient une livrée, dont la couleur variait suivant les régiments. Aux lanciers, elle était bleu clair; verte, aux voltigeurs, avec boutons dorés à aigle entourée d'une légende indiquant le régiment.

Ces hommes étaient sous la direction d'un sous-officier, chargé des détails et de la comptabilité du *mess*. Un maître d'hôtel secondait ce sous-officier et dirigeait le service. De plus, un officier du régiment, en général le porte-aigle ou l'adjoint au trésorier, avait la haute surveillance du *mess*. Il ne dédaignait pas d'accompagner quelquefois aux Halles le maître d'hôtel chargé des achats. Inutile d'ajouter qu'il s'y rendait en tenue bourgeoise.

Toute la vaisselle et l'argenterie étaient marquées de la couronne impériale et du nom du régiment. Ainsi, sous la couronne on lisait par exemple :

Garde impériale, 2ᵉ régiment de voltigeurs, ou *régiment des guides*, ou *dragons de l'impératrice*, etc.

Chaque officier pouvait amener un ou plusieurs invités, soit à la table du *mess*, soit au café. Mais, avant ou après le repas, il devait les présenter au colonel, ou en son absence, à l'officier supérieur présidant la table.

On sait que, dans la garde, les officiers supérieurs seuls étaient mariés. Très peu d'officiers prenaient donc leurs repas chez eux. Le prix de la pension était réglé au prorata du grade.

Tous les mois, il y avait ce qu'on appelait *réception au mess* et tous les officiers mariés s'y trouvaient.

Ce jour-là était surtout choisi pour faire des invitations, et, les habits noirs étaient aussi nombreux que les uniformes. La table était ornée de fleurs, le menu soigné, et l'on sablait le champagne.

La musique du régiment se faisait entendre pendant et après le repas, lorsqu'on était passé dans la salle du café. Il y avait aussi, très souvent, des artistes civils, chanteurs ou acteurs, qui venaient prêter leur concours à ces soirées charmantes, pleines d'entrain et de cordialité, et vraiment très recherchées.

Les domestiques du *mess* portaient, les jours de réception, leur livrée de cérémonie. Aux lanciers, le pantalon long était remplacé par la culotte en peluche noire, les bas blancs et les souliers à boucles. Seul le maître d'hôtel était en habit noir et culotte courte. C'était lui qui, à l'heure du dîner, ouvrait à deux battants les portes de la salle à manger, et annonçait à haute voix : le colonel et ces messieurs sont servis.

Cela avait vraiment très grand air.

Les officiers du régiment des guides étaient très fiers d'un magnifique surtout de table en argent, qui leur avait été donné par l'empereur.

Le prince Murat, qui avait remplacé le général Fleury comme colonel de ce beau régiment, ne négligeait rien de ce qui pouvait ajouter au luxe du *mess*.

Il est incontestable que les bâtiments construits sur le Champ-de-Mars pour l'Exposition de 1889 et qui y ont été conservés ont fait perdre à l'École militaire sa physionomie d'autrefois. On ne s'explique pas que l'autorité militaire n'ait pas tout fait pour conserver à l'armée de Paris un champ de manœuvre à proximité d'une des plus importantes casernes de la capitale, et où pouvaient venir s'exercer également toutes les troupes de la garnison. Non seulement la cavalerie est obligée aujourd'hui d'aller très loin pour exécuter l'école de régiment et les évolutions qui demandent un terrain d'une certaine étendue, mais pour les classes à cheval, combien ne doit-elle pas regretter ce champ de manœuvre qui permettait de ne pas perdre en allées et venues un temps précieux lorsqu'il s'agit de l'instruction des recrues !

La désaffectation du Champ-de-Mars a donc été une chose très regrettable au point de vue militaire. De plus, elle a détruit l'imposante perspective du chef-d'œuvre de Gabriel, l'architecte de Louis XV.

Je me souviens du plaisir que j'éprouvais dans mon enfance lorsque, entraînant mon père au Champ-de-Mars, nous allions assister à ce qu'on appelait alors *la petite guerre*.

Je vois encore ces **régiments** d'infanterie se ployant en colonnes serrées, puis se déployant en longues lignes. Ils formaient ensuite le carré et commençaient des feux de salves suivis de feux à volonté. *On déchirait de la toile,* suivant l'expression populaire, et bientôt les pantalons rouges disparaissaient dans des nuages de fumée. On ne connaissait pas alors la poudre qui n'en fait plus et les fusils silencieux.

La poudre parlait réellement et vous enivrait de son bruit et de son odeur guerrière. La cavalerie était parfois de la fête. Elle s'élançait au galop par escadrons sur les carrés de l'infanterie en ayant soin de se dérober par un mouvement rapide de pelotons à droite et à gauche en approchant de la ligne de feu. Ce n'était évidemment qu'un simulacre d'attaque, tenant un peu de ce qu'on appelle *la fantasia*, mais c'est égal, on était transporté et pour un peu on aurait battu des mains, surtout lorsque des hussards à la pelisse flottante passaient comme un ouragan, ou que les flammes de lance des lanciers s'agitaient en tous sens au gré du vent.

A cette époque, les avenues de La Motte-Piquet, de Tourville, de La Bourdonnais et Duquesne n'étaient pas bordées de hautes maisons comme elles le sont aujourd'hui et ce quartier de l'École militaire ressemblait à la banlieue de Paris. Ce n'étaient que maisons basses à un ou deux étages au plus, souvent de simples rez-de-chaussée avec des toits en tuiles comme au siècle dernier. Il y avait une quantité de jardins et de grands arbres qui ont successivement disparu, ainsi que les nombreuses guinguettes où les soldats mêlés aux vieux invalides venaient boire et parler batailles (1). Les survivants des glorieuses campagnes du premier Empire, décorés pour la plupart et médaillés de Sainte-Hélène, portant l'habit à la française et le chapeau *en colonne*, les plus anciens le plaçaient *en bataille*, échangeaient leurs souvenirs avec les mutilés de Crimée et d'Italie, et il n'était pas rare de voir deux vieux braves, *brouillés depuis Wagram,* se réconcilier *inter*

(1) Au numéro 15 de l'avenue de La Motte-Piquet existe encore la dernière guinguette. Au-dessus de la porte d'entrée, un boulet suspendu à une chaîne avec ces mots : *Lutzen,* **2 mai 1813.**

pocula, en compagnie des vainqueurs de l'Alma et de Solférino qui, en leur racontant leurs exploits et en leur montrant
leurs médailles commémoratives, prouvaient à leurs anciens
qu'ils n'avaient pas dégénéré.

C'étaient des récits sans fin et les vieilles chansons militaires
résonnaient sous les tonnelles des modestes cafés.

On voyait des enseignes naïves. Un grand tambour-major
choquant son verre avec un hussard ou un cuirassier. Des go-
belets des soldats, peints assez grossièrement, débordait la
bière mousseuse, et sous l'image on lisait en grosses lettres :
Au rendez-vous des braves. Bière de Mars, vin, café, liqueurs.

L'avenue de La Motte-Piquet était sillonnée de plantons et
d'estafettes de toutes armes, se croisant au grand trot. Ces
cavaliers se rendaient au ministère de la guerre, à la place
Vendôme, aux Tuileries ou à l'état-major du gouverneur de
Paris. Ces services ont disparu avec le téléphone ou le télé-
graphe qui relient entre eux aujourd'hui les ministères, et,
avec ces inventions modernes, le mouvement et l'animation
que donnaient tous ces hommes à cheval.

Le dimanche, il y avait foule au *Salon de Mars* et à celui de
la Victoire, rue Croix-Nivert à Grenelle ; ces bals militaires,
conservatoires de la chorégraphie des grisettes du quartier et
des soldats de la garnison ; rendez-vous du beau sexe et des
enfants de Mars, inspiraient au dessinateur Randon ses plus
spirituelles compositions. Une entre mille : une jeune personne peu timide et coiffée à la chien s'adresse à un vieux
sapeur médaillé, chevronné, à la barbe de fleuve :

— Un vis-à-vis, sapeur ?

— Impossible, vous comprenez qu'avec ma barbe.

— Eh bien, mon bonhomme, fallait la laisser au vestiaire.

— Madame, gardez vos plaisanteries pour des conscrits et
ne venez pas mécaniser un objet qui vous est supérieur, sans
vous offenser.

J'en passe et des meilleures.

Tout cela a changé de physionomie. Le *Salon de Mars* et
celui de *la Victoire* n'existent plus depuis longtemps. C'est à
peine si l'on rencontre de temps à autre, sur l'avenue de La Motte-

Piquet, quelques soldats dont la tenue laisse souvent à désirer. Le temps n'est plus à l'astique et au panache, et les uniformes actuels sont loin de ressembler à ceux d'autrefois. On considère que l'éclat du costume n'est plus nécessaire à l'armée dite *nationale* et, en cela, on semble ne pas tenir compte de l'esprit français, qui est resté cocardier malgré nos malheurs. On ne fera, du reste, croire à personne que les tenues brillantes de l'ancienne armée ont été la cause de notre défaite en 1870.

Il faudrait réagir contre ces tendances inhérentes à l'esprit démocratique, qui est malheureusement tout le contraire de l'esprit militaire si nécessaire à une grande nation.

Dans le quartier du Gros-Caillou, les invalides se font de plus en plus rares. Ceux du premier Empire sont tous morts. Heureusement pour eux, ils n'ont pas assisté à la mutilation de leur chère esplanade. Ils auraient éprouvé un vif chagrin à voir tomber, en mars 1895, les arbres centenaires devant lesquels passait en 1840 le char qui ramenait triomphalement les cendres du grand empereur. Et ce massacre a été accompli, avec l'autorisation du conseil municipal, pour construire une gare !

Est-ce qu'on ne pouvait pas la mettre ailleurs, et ne pas abîmer une des plus belles places qui soit en Europe.

Mais qu'attendre des ingénieurs ! Ce sont de vrais vandales, et pour faire un chemin de fer, ils n'hésiteraient pas à raser Notre-Dame et l'arc de Triomphe (1).

L'histoire de l'École militaire ne présente plus rien de bien saillant. Cependant, en janvier 1870, au lendemain de l'enterrement de Victor Noir, alors que la caserne était bondée de troupes en prévision d'une émeute possible, l'empereur y ar-

(1) Sait-on quel était le nombre des arbres de l'esplanade des Invalides, dont le sacrifice a suscité tant de légitimes colères ? Exactement 359, dont 329 ormes et 30 platanes, tant sur le quai d'Orsay que sur l'esplanade. Lorsque l'ordre fut donné d'arrêter le massacre, il était à peu près entièrement consommé ; un petit nombre de sujets condamnés restaient seuls debout. La direction des travaux, avisée de l'énergique protestation qui allait être portée à la tribune de la Chambre par M. de Montebello, député de la Marne, s'était hâtée, en vingt-quatre heures, de rendre le désastre irréparable. (*N. R.*)

riva vers onze heures du matin, inopinément, en bourgeois, accompagné d'un aide de camp. Il parcourut lentement à pied toutes les cours, entouré de la foule des soldats qui se bousculaient littéralement dans ses jambes et l'acclamaient comme il ne l'avait peut-être jamais été. J'ai été témoin de cette ovation spontanée, et je l'ai racontée dans les *Souvenirs d'un lancier de la garde*. Cette manifestation donnait un éclatant démenti à ceux qui prétendaient alors que Napoléon III ne pouvait que faiblement compter sur le dévouement des troupes.

Dès le début des opérations militaires de l'armée du Rhin, en août 1870, tous les dépôts de la garde furent réunis à l'École militaire. Les cent-gardes, abandonnant leur quartier de la rue de Bellechasse, vinrent y trouver asile le soir de la révolution du 4 septembre.

« Il était pénible, me disait un témoin oculaire, de voir, le soir de cette triste journée, ce bel escadron campé à l'École militaire. Il pleuvait et les magnifiques schabraques galonnées d'or traînaient dans la boue auprès des chevaux mis au piquet dans les cours. »

Pendant le siège de Paris, un espion prussien, condamné à mort par le conseil de guerre, fut fusillé sous le hangar de la forge à l'École militaire. Il mourut bravement en criant : Vive l'Allemagne !

A la Commune, les fédérés envahirent l'École militaire, de même qu'ils s'installèrent dans les autres casernes de Paris.

Mais le 22 mai, les troupes du corps du général Félix Douay occupaient le Trocadéro. Elles ne tardèrent pas à en descendre rapidement les pentes et se portèrent en tiraillant vers l'École militaire. Les premières balles qui vinrent frapper la façade de l'édifice déterminèrent la retraite des communards qui détalèrent au plus vite par l'avenue de La Motte-Piquet et les avenues voisines en criant à la trahison ! Un témoin oculaire m'a raconté cette débandade, qui fut complète. Si, à ce moment, une brigade, précédée d'un régiment de cavalerie s'était résolument jetée en avant, l'armée française allait peut-être camper sans coup férir à l'hôtel de ville et envoyait ses grand'gardes jusque sur la place de la Bastille. C'est au moins ce qu'affirme Maxime Du Camp dans *les Convulsions de Paris*, p. 382, t. III, et il ajoute qu'il n'est pas un des chefs de la Commune qui n'en soit convenu depuis. « Mais, dit-il, les dieux ne le voulurent pas et Paris fut brûlé ! »

Le maréchal de Mac-Mahon, des hauteurs de Passy où il avait suivi le général Douay, ne jugea peut-être pas la situation telle qu'elle était, en accordant aux soldats de l'insurrection et à leurs chefs une valeur qui n'était pas en eux et des dispositions stratégiques qu'ils n'avaient pas prises. Mais on avait tant reproché, pendant la guerre, aux généraux d'avoir manqué de prudence et de ne pas s'être assez fait éclairer, qu'on doit être peut-être moins surpris des précautions dont le duc de Magenta cru devoir s'entourer pour pénétrer dans Paris.

J'ai omis de raconter que, pendant l'Exposition de 1867, nos officiers aux lanciers de la garde hébergèrent souvent au *mess* de l'École militaire des officiers prussiens qui avaient accompagné leur souverain à Paris. Le Français rendrait des points à l'Écossais en matière d'hospitalité même à l'égard de gens, qui sans être nos ennemis déclarés, comme les Prussiens à cette époque, n'en nourrissaient pas moins une jalousie profonde pour tout ce qui touchait à la France et à son prestige en Europe.

Je vois encore ces officiers allemands, conduits par un sous-lieutenant du régiment, M. Rott, qui leur servait de cornac en sa qualité d'Alsacien, sortant le matin à cheval de l'École militaire pour aller se promener au bois de Boulogne.

« J'ai été assez embarrassé l'autre jour, me disait M. Rott. En passant sur le pont d'Iéna, un de ces messieurs m'a demandé comment s'appelait ce pont ?

« — C'est le pont de l'Exposition, lui ai-je répondu sans hésiter. »

Combien on appréciera cette délicatesse de l'officier français à l'égard des vaincus de 1806 !

Je doute que chez eux ils lui eussent rendu la pareille, car la générosité n'a jamais été la qualité dominante de nos voisins d'outre-Rhin.

Depuis la guerre, l'École militaire est redevenue une caserne. Mais le général commandant la première division de cavalerie n'y habite plus, les appartements qui lui étaient réservés étant dégarnis des meubles qui s'y trouvaient sous l'Empire. Ces meubles ont été pris et vendus par les communards. Seuls les bureaux de la division sont encore dans le bâtiment de la cavalerie.

Nous avons dit plus haut que les bâtiments de chaque côté du pavillon central et ce pavillon lui-même sont occupés depuis plusieurs années par l'École de guerre.

Un dernier souvenir, avant de terminer l'histoire de l'École militaire.

En juillet 1789, il y avait encore trois régiments suisses et trois régiments de cavalerie (1) casernés à l'École militaire. On les fit partir dans la nuit du 13 au 14, laissant à l'École, une partie de leur bagage. Comment, en présence de ce départ, ne pas être frappé de la faiblesse du malheureux Louis XVI, et de ceux qui commandaient en son nom dans la capitale !

Voilà une caserne située à deux pas des Invalides, elle renferme des régiments fidèles, car on ne peut soupçonner les Suisses et la cavalerie d'avoir été gagnés aux idées nouvelles, et ces troupes ne reçoivent que l'ordre d'abandonner leur caserne !

Aussi que se passe-t-il? Le peuple, dans la matinée du 13 juillet, peut enlever tranquillement 20 000 fusils et 20 canons aux Invalides et le lendemain il prend la Bastille.

(1) La cavalerie se composait de dragons et de hussards.

CHAPITRE IV

On donna aux grandes assemblées des guerriers francs, depuis la conquête des Gaules au cinquième siècle, le nom de
champ de mars, parce qu'elles se tinrent soit en mars, sous la
première race, soit en mai, depuis 755.

A Rome, c'était le *campus Martius*, vaste plaine qui, origi-
nairement, s'étendait hors des murs de la ville, et où Romulus
avait consacré un temple à Mars; elle était située à l'ouest de
Rome et sur la rive gauche du Tibre.

C'est dans cet emplacement que se trouve en grande partie
la Rome moderne. Le champ de Mars servait aux évolutions
militaires et à divers autres usages; c'est là qu'on tenait les assemblées du peuple, qu'on élisait les magistrats et que la jeunesse s'exerçait à la lutte, à lancer le javelot et le disque, à
conduire des chars, etc.

Dans les derniers temps de la république, on éleva autour
du champ de Mars des portiques, des arcs de triomphe et de
magnifiques monuments publics.

Chez les Francs, les assemblées du champ de mars eurent,
comme à Rome, un double caractère. Elles étaient tantôt des
revues militaires ou des réunions solennelles dans lesquelles
tous les hommes libres venaient rendre hommage au chef su-

prême des Francs et lui apporter leurs dons annuels, tantôt des réunions plus actives où le *souverain* convoquait soit les leudes et les guerriers pour les consulter sur quelque expédition militaire, soit les évêques pour régler leurs différends avec la royauté ou prendre leurs conseils sur la direction des affaires de l'Etat. On trouve là la véritable origine de l'*appel au peuple* ou *plébiscite* et du *referendum*, en usage en Suisse et base de la véritable démocratie organisée.

Ces assemblées, tenues irrégulièrement sous les Mérovingiens, devinrent beaucoup plus fréquentes sous les premiers Carlovingiens ; mais, après Charles le Chauve, toute trace de cette institution disparaît.

Les progrès de la civilisation avaient fait trouver trop rigoureuse la saison choisie et, du mois de mars, on avait prorogé l'époque au mois de mai. Dès lors, les assemblées désignées sous le nom de *champs de mars* prirent celui de *champs de mai*.

Le dernier exemple que nous ayons eu de la réunion du champ de mai est celui donné par Napoléon 1er, en 1815. Mais, chose bizarre, cette assemblée, annoncée pour le 26 *mai 1815*, ne put avoir lieu, au Champ-de-*Mars*, que le 1er *juin*.

Sous la troisième race, ces assemblées périodiques de la nation tombèrent en désuétude et furent remplacées par les états généraux, qui ne se réunirent que très rarement, sur la convocation du souverain. Inutile de dire que la dernière et la plus célèbre réunion fut celle qui précéda la Révolution de 1789.

Voici comment s'exprime Tacite au sujet de ces grandes assemblées publiques qui existaient chez les Germains, auxquels les Francs les empruntèrent : « Les petites affaires sont soumises à la délibération des chefs ; *les grandes à celle de tous*. Et cependant, celles mêmes dont la décision est réservée au peuple sont auparavant discutées par les chefs.

« On se rassemble, à moins d'un événement subit et imprévu, à des jours marqués, quand la lune est nouvelle ou qu'elle est dans son plein ; ils croient qu'on ne saurait traiter les affaires sous une influence plus heureuse. Quand l'assemblée paraît assez nombreuse, ils prennent séance tout armés. Les prêtres, à qui est remis le pouvoir d'empêcher le désordre, commandent le silence. Ensuite, le roi ou celui des chefs que distinguent le plus son âge, sa noblesse, ses exploits ou son éloquence, prend la parole et se fait écouter par l'ascendant de la persuasion plutôt que par l'autorité du commandement. Si l'avis déplait, on le repousse par des murmures ; s'il est approuvé, on agite les framées : ce suffrage des armes est le signe le plus honorable de leur assentiment. »

Les Francs avaient donc apporté de la Germanie une idée qu'on ne connaissait plus dans l'empire, celle de *la souveraineté de la nation.*

Pour les questions importantes, le roi était donc obligé, sous les premières races, de réunir au champ de mars l'assemblée générale de tous les hommes libres ; mais ces habitudes de liberté et d'égalité s'alliaient mal avec les allures despotiques du système dont Chilpéric, Brunehaut, Ebroin, souhaitaient le retour ; de là les luttes dont nous n'avons pas à nous occuper ici.

Le principe de la souveraineté nationale est donc aussi ancien que la Gaule, et nos ancêtres, lorsqu'ils se réunissaient au champ de mars et élevaient leur chef sur le pavois, en manifestaient la plus éclatante consécration.

Nous avons vu, dans la première partie de cette étude, que ce fut sous Louis XV qu'on donna le nom de *Champ-de-Mars* au terrain compris entre la Seine et l'Ecole militaire, emplacement qui avait été défriché et nivelé pour servir de champ de manœuvre.

Cette vaste plaine, à part les revues des régiments des gardes françaises, des gardes suisses et l'instruction pratique des cadets gentilshommes, ne fut, pendant quarante et un ans, témoin d'aucun événement qui mérite d'être rapporté.

Son histoire ne commence véritablement qu'en 1790, avec la fête de la Fédération, que nous voulons retracer avec quelques détails.

En juillet 1790, bien que quelques nuages sanglants eussent obscurci l'aurore de la Révolution, on peut affirmer qu'il y eut un moment d'universelle confiance et d'immense espoir lorsque la fête de la Fédération fut décidée.

C'était pour faire prêter aux citoyens le serment civique à la nouvelle constitution que l'Assemblée constituante avait résolu de les réunir le 14 juillet, jour anniversaire de la prise de la Bastille.

On chercha un emplacement assez vaste pour pouvoir contenir la population de Paris et la population flottante qui se rendrait à cette fête, espèce de champ de mai renouvelé de nos premiers ancêtres.

On avait hésité entre les plaines de Saint-Denis, de Grenelle, des Sablons et le Champ-de-Mars. On finit par préférer l'enceinte située devant l'École militaire, et l'on décida de l'entourer d'un glacis en gradins sur trente rangées, au moyen desquels on calcula que près de deux cent mille spectateurs pourraient prendre place assis, tandis que cent mille autres se tiendraient debout derrière les premiers.

Depuis longtemps, on faisait des préparatifs pour célébrer cette solennité, pour laquelle les fédérations locales devaient envoyer à Paris plus de cent mille représentants.

Cependant, le temps pressait, et malgré les douze mille ouvriers employés aux travaux de terrassement, qui étaient considérables, on craignit qu'ils ne fussent pas terminés. Les districts eurent alors la pensée d'inviter, *au nom de la Patrie*, les bons citoyens à se joindre aux ouvriers. « Alors, dit un contemporain (1), on voit jusqu'à des séminaristes, des écoliers, des chartreux, vieillis dans la solitude, quitter leurs cloîtres, courir au Champ-de-Mars une pelle sur le dos, portant des bannières ornées d'emblèmes patriotiques. Là, tous les citoyens mêlés, confondus, forment un atelier immense et mobile dont chaque point présente un groupe varié ; le capucin traîne le haquet avec le chevalier de Saint-Louis, le portefaix avec le petit-maître du Palais-Royal ; la robuste harengère porte la brouette remplie par la femme élégante et à vapeurs ; le peuple aisé, le peuple indigent, le peuple vêtu, le peuple en haillons, vieillards, enfants, comédiens, Cent-Suisses, commis, travaillant et se reposant, acteurs et spectateurs, offrent à l'œil étonné une

____

(1) Le marquis de Ferrières.

scène pleine de vie et de mouvement ; des tavernes ambulantes, des boutiques portatives augmentent le charme et la gaieté de ce vaste et ravissant tableau ; les chants, les cris de joie, le bruit des tambours, des instruments militaires, celui des bêches, des brouettes, la voix des travailleurs qui s'appellent et s'encouragent. L'âme se sentait affaissée sous le poids d'une délicieuse ivresse à la vue de tout un peuple redescendu aux sentiments d'une fraternité primitive... Neuf heures sonnées, les groupes se démêlent. Chaque citoyen regagne l'endroit où s'est placée sa section, se rejoint à sa famille, à ses connaissances. Les bandes se mettent en marche au son des tambours, reviennent à Paris, précédées de flambeaux, lâchant de temps en temps des sarcasmes contre les aristocrates et chantant le fameux : *Ça ira.* »

Le lendemain, le travail recommençait avec la même ardeur, le même entrain, et le nombre des travailleurs allait toujours croissant.

La *Gazette universelle* du 7 juillet 1790 dit que, ce jour-là, « vint au Champ-de-Mars plus de cent invalides qui, accoutumés aux durs travaux, firent en deux heures plus d'ouvrage à eux seuls que n'en auraient fait deux mille des ouvriers employés ». Et plus loin : « Les sections de Paris, les bataillons des gardes nationales envoyèrent des détachements nombreux qui, tous, travaillèrent à l'envi, en sorte que plus de quarante mille personnes sont depuis ce moment occupées à terminer le vaste amphithéâtre. Le nombre des curieux est encore plus considérable, c'est-à-dire que, tous les soirs, le Champ-de-Mars est couvert par plus de cent mille personnes. »

François Hue, l'ancien valet de chambre de Louis XVI, qui a laissé des souvenirs intéressants sur les dernières années de cet infortuné monarque, est moins enthousiaste lorsqu'il parle des travaux exécutés au Champ-de-Mars en vue de la Fédération.

Il plaint amèrement les religieux venant manier la bêche à côté des hommes du peuple : « Confondus avec ces derniers, ils étaient, dit M. Hue, en butte à leurs risées et à leurs outrages ; ils avaient les oreilles continuellement offensées par des couplets qui dévouaient à la mort la classe supérieure de la nation. »

Les nobles, rentrant chez eux après le travail au Champ-de-Mars, escortés par le chant du *Ça ira,* ne devaient-ils pas faire aussi quelques réflexions pénibles? On peut penser cependant qu'avec la légèreté inhérente aux Français, sans distinction de classes, ils n'entrevoyaient pas alors les excès dont ils devaient, deux ans plus tard, être les innocentes victimes.

En vingt jours, la surface irrégulière du Champ-de-Mars fut aplanie, l'enceinte circulaire établie et entourée de talus.

Un pont de bateaux, très large, avait été jeté sur la Seine à l'endroit où se trouve aujourd'hui le pont d'Iéna. Il devait servir au passage des fédérés et aux représentants de la nation. Ce pont aboutissait à un arc de triomphe élevé à l'entrée du Champ-de-Mars et qui ouvrait à la marche du cortège trois grandes portes. Dessiné à peu près sur le modèle de la porte Saint-Denis, il portait des bas-reliefs et des inscriptions qui parlaient non de guerre et de victoire sanglantes, mais de liberté, de constitution, des droits de l'homme.

Au milieu du Champ-de-Mars, qui prit le nom de *Champ de la Fédération,* fut dressé un autel de vingt-cinq pieds terminé par une pyramide. C'était l'autel de la Patrie. On y montait par quatre escaliers très larges.

A chacun des angles de l'autel, un vase de forme antique devait recevoir et faire fumer l'encens. Des inscriptions et des emblèmes décoraient la pyramide et l'autel.

On pouvait lire :

> Les mortels sont égaux, ce n'est point la naissance,
> C'est la seule vertu qui fait leur différence.

> La loi dans l'État doit être universelle ;
> Les mortels, quels qu'ils soient, sont égaux devant elle.

Au fond du Champ-de-Mars, devant l'Ecole militaire, s'élevait une galerie couverte, d'un dessin élégant ; au milieu, ou à peu près à la moitié de la hauteur, paraissait le trône du *roi des Français.*

A la droite et à la gauche du trône, depuis le niveau du sol jusqu'à toute la hauteur à peu près du pavillon, s'élevaient des gradins destinés à servir de sièges, ceux de la partie supérieure aux représentants de la nation, et tous les autres aux membres de la municipalité, aux électeurs de Paris, aux députés extraordinaires de tout le royaume.

Au-dessus du trône et dans la partie la plus élevée de la galerie était une tribune destinée à recevoir la reine, M. le Dauphin, la famille royale et leur suite.

Enfin le 14 juillet arriva. Les fédérés, par une pluie battante, partirent de la place de la Bastille et se rendirent au Champ-de-Mars à travers un peuple immense qui battait des mains et faisait retentir l'air de ses acclamations et de ses chants joyeux.

L'Assemblée nationale, qui s'était réunie dans la grande allée des Tuileries, reçut aussi des torrents d'eau. « Un parapluie servait quelquefois à trois ou quatre, c'est-à-dire qu'il n'en couvrait aucun, » raconte dans une lettre à un de ses amis un député de province. « Nous étions entre deux eaux, ajoute-t-il; il y avait de quoi se désoler. Nous avons pris un meilleur parti; tout se tourne facilement en joie lorsque la joie est au fond des âmes, nous avons pris le parti de rire de notre désastre. Le long de notre route, nous avons trouvé partout les mêmes dispositions dans les doubles et triples rangs de spectateurs qui s'étaient placés sur le passage ; ils étaient trempés et ils chantaient. »

Tout le long du Cours-la-Reine les arbres étaient chargés de grappes humaines, toutes les maisons garnies de spectateurs. Dans plusieurs endroits, on avait découvert les toits, mais ils étaient couverts de monde. On n'avait jamais vu un pareil enthousiasme, malgré une pluie qui ne cessait de tomber.

Dès six heures du matin, le 14 juillet, le peuple de Paris, distribué avec ordre, avait garni les banquettes et les gradins. Les fédérés, tant des troupes réglées que des gardes nationales, précédés d'un bataillon de jeunes enfants vêtus et armés comme leurs pères et suivis, comme à Sparte, d'un groupe de vieillards, entrèrent dans l'enceinte par l'arc de triomphe. Ils se développèrent sur plusieurs lignes circulaires et correspondantes, et formèrent deux haies profondes au-dessus desquelles flottaient les quatre-vingt-trois bannières des départements et les soixante drapeaux des districts de la capitale.

Au milieu de ces deux haies s'avancèrent successivement les électeurs de Paris, les représentants de la commune, enfin l'Assemblée nationale. Ces corps, après avoir défilé le long des galeries couvertes, se rendirent aux places qui leur étaient destinées.

L'entrée des fédérés avait duré trois heures, la pluie tombant toujours. C'est alors que, pour braver les éléments, des groupes de fédérés s'étaient mis à former des rondes qui avaient trouvé des imitateurs.

Sur l'autel de la Patrie, trois cents prêtres, vêtus d'aubes blanches coupées de larges ceintures tricolores, étaient rangés, entourant l'évêque d'Autun, M. de Talleyrand, le futur ministre de Napoléon, qui se préparait à célébrer la messe.

Enfin, une salve d'artillerie annonce la présence du roi. Richement vêtu, décoré de ses ordres, Louis XVI, accompagné de la reine qui porte des plumes tricolores, du Dauphin et de la famille royale, arrive en voiture de cérémonie dans la cour de l'École militaire. Suivi de ses ministres et des personnes de sa cour, il monte d'abord à la salle du conseil, où il attend que tout soit prêt.

Les dispositions achevées, le roi passe de cette salle à l'endroit où son trône est préparé ; il s'assied. A sa droite, *sur la même ligne* et sur *un fauteuil semblable*, prend place le président de l'Assemblée nationale. Avant trois ans, Louis XVI ne sera plus roi ; ne sent-il pas déjà, à cette similitude de siège, combien son pouvoir est diminué ? La reine, le Dauphin, Madame Royale, Monsieur, frère du roi, Madame, Madame Elisabeth et les personnes de la cour se placent dans la tribune au-dessus du trône.

Enfin la cérémonie commence. M. de La Fayette, à qui le roi a délégué pour ce jour le commandement général des gardes nationaux de France, qu'un décret de l'Assemblée avait déféré à Sa Majesté, descend de cheval au pied du talus qui conduit au trône; il fait au roi le salut militaire et, parvenu aux dernières marches du trône, il prend l'ordre de Sa Majesté et rentre dans l'enceinte.

Le commandant général fait exécuter diverses évolutions et range les fédérés en bataille autour de l'autel. Le canon tonne ; deux mille musiciens mêlent aux salves du canon et de la mousqueterie le son de leurs instruments.

L'évêque d'Autun, assisté d'un nombreux clergé, célèbre la messe. A ce moment, par un hasard heureux, la pluie cesse, le ciel se découvre et éclaire de son éclat cette scène solennelle.

Lorsque le service divin est terminé, La Fayette, qui a reçu du roi la formule du serment, monte à l'autel. Tous les bruits se taisent et, dans ce religieux silence, on entend la voix du général qui, la pointe de son épée appuyée sur l'autel, prononce ces paroles : « Nous jurons d'être à jamais fidèles à la Nation, à la Loi et au Roi, de maintenir de tout notre pouvoir la Constitution décrétée par l'Assemblée nationale et acceptée par le roi, de protéger conformément aux lois la sécurité des personnes et des propriétés, la circulation des grains et des subsistances dans l'intérieur du royaume, la perception des contributions publiques sous quelques formes qu'elles existent, de demeurer unis à tous les Français par les liens indissolubles de la fraternité. »

Une décharge de quarante pièces de canon annonce à la France ce serment solennel.

Le président de l'Assemblée nationale vient jurer à son tour.

Alors tous les bras se lèvent, toutes les épées s'agitent, et le peuple et les députés répètent dans une immense clameur : *Je le jure !*

Alors le roi se lève et prononce d'une voix forte : « Moi, roi des Français (1), je jure d'employer le pouvoir que m'a

(1) M. de Vilette avait fait, le 15 juin, la motion au club de 1789 que le roi fût salué, le jour de la Fédération, du titre d'empereur. « Effaçons, dit-il, les noms de roi, de royaume et de sujet, qui ne s'uniront jamais bien avec le mot de liberté. Le prince est le chef, non le maître : *Imperat non regit.*

délégué l'acte constitutionnel de l'État à maintenir la Constitution décrétée par l'Assemblée nationale et acceptée par moi. »

La reine prend le Dauphin dans ses bras, le présente au peuple et dit : « Voilà mon fils; il se réunit, ainsi que moi, à ces mêmes sentiments. »

Les cris mille fois répétés de : Vive le roi! Vive la reine! Vive le Dauphin! s'élèvent de toutes parts, et le soleil, perçant les nuages, inonde de sa lumière l'immense plaine où tout un peuple s'agite dans l'ivresse de la réconciliation et de l'espérance. La fête de la Fédération fut certainement le plus beau jour de la Révolution. Mais, hélas! pourquoi cette belle journée n'eut-elle pas de lendemain?

« Cette auguste cérémonie achevée, dit M. Thiers (1), le cortège reprit sa marche, et le peuple se livra à toutes les inspirations de la joie. Les réjouissances durèrent plusieurs jours. » Et il ajoute : « La fête si touchante de la Fédération ne fut qu'une émotion passagère. Le lendemain, les cœurs voulaient encore tout ce qu'ils avaient voulu la veille, et la guerre était recommencée. »

En effet, un an plus tard, les choses sont bien changées. Aux étreintes fraternelles succèdent de sanglants holocaustes. Au club des jacobins, un des affidés du duc d'Orléans, Laclos, propose de présenter à l'Assemblée une pétition pour faire prononcer la déchéance de Louis XVI.

Cette pétition doit être déposée le 17 juillet 1791 au Champ-de-Mars, sur l'autel de la Patrie resté debout depuis la Fédération. Tous les citoyens sont invités à aller la signer.

Cinquante mille personnes se dirigent, le 17, vers midi, sur le Champ-de-Mars. Hommes, femmes, jeunes filles, enfants, montent par milliers à l'autel de la Patrie pour signer la pétition.

Dès le matin, les clubs s'agitaient; Santerre ameutait les hommes des faubourgs.

L'Assemblée, inquiète de cette manifestation, enjoignit au commandant général des gardes nationales et au maire de

____

(1) Thiers, *Histoire de la Révolution française.*

Paris de pourvoir à sa sûreté et de dissiper le rassemble-
ment. La Fayette fit entrer ses troupes au Champ-de-Mars et
les rangea au pied de l'École militaire ; Bailly amena les
siennes par l'autre bout, du côté de Chaillot ; on les reçut à
coups de pierre. Un homme tira sur La Fayette, un autre sur
Bailly. Le maire déploya le drapeau rouge et proclama la loi
martiale. Une première décharge à poudre étant restée sans
résultat, une seconde à balles jeta par terre des morts et des
blessés. La cavalerie charge et le Champ-de-Mars est évacué,
mais au prix de beaucoup de sang répandu.

Le souvenir du 17 juillet doit, deux ans plus tard, être une
des causes de la mort du malheureux Bailly.

Le 14 juillet 1792, on célèbre l'anniversaire de la prise de
la Bastille.

On avait dressé dans le Champ-de-Mars quatre-vingt-trois
tentes pour représenter les quatre-vingt-trois départements.
Au centre s'élevait un tombeau en l'honneur des citoyens
morts ou prêts à mourir pour défendre la France.

Près de l'École militaire se dressait un arbre gigantesque
surchargé de tous les emblèmes de la féodalité et du pouvoir
royal. Cet arbre fut brûlé en présence du roi, au milieu des
danses effrénées de la multitude qui, l'année suivante, devait
saluer des mêmes cris de joie la tête de l'infortuné monarque
tombant sur l'échafaud.

A la place de l'arbre brûlé, on en planta un autre surmonté
du bonnet rouge. Cet arbre ainsi couronné devint le symbole
de la liberté.

Bailly, après l'affaire du Champ-de-Mars, avait perdu sa popularité. Il se démit de ses fonctions de maire et quitta la capitale ; mais, reconnu à Melun, il fut arrêté, ramené à Paris et tra-
duit devant le Tribunal révolutionnaire, qui le condamna à
mort.

Le 11 novembre 1793, par un temps de pluie fine et glacée,
sous un ciel sombre et gris, le malheureux vieillard fut conduit au Champ-de-Mars, à travers les insultes de la populace,
pour y être exécuté. On sait toutes les tortures que dut endu-
rer l'ancien maire de Paris avant de recevoir le coup fatal.

Après lui avoir brûlé sous le visage le drapeau rouge qu'il avait fait déployer deux ans auparavant, le 17 juillet 1791, un des assistants s'écria que « le champ de la Fédération ne devait pas être souillé du sang d'un assassin ».

Aussitôt on démonte l'échafaud et on le transporte pièce à pièce au bord de la Seine. Plus de trois heures furent employées à cette cruelle opération. Pendant ce temps, le malheureux Bailly s'évanouit plusieurs fois ; des coups le rappellent à la vie.

« Tu trembles, Bailly, lui dit un de ses bourreaux.

— Oui, mon ami, répond le courageux vieillard, mais c'est de froid. »

Enfin il reçoit la mort comme une délivrance.

A cette exécution succédèrent au Champ-de-Mars des fêtes qui, pour être moins tristes, n'en étaient pas moins ridicules. Elles eurent lieu à l'occasion de l'abolition de l'esclavage des nègres ; ensuite à propos de l'acquittement des soldats du régiment de Château-Vieux, disculpés de l'insurrection qui avait eu lieu à Nancy, le 25 octobre 1792 ; à l'occasion encore de la condamnation à mort de Chalier, président du tribunal de Lyon. Puis vint cette fête bizarre, dite de *l'Être suprême*, le 8 juin 1794. La Convention, présidée par Robespierre, avait décidé de fêter ce *Dieu admis* par la représentation nationale.

Elle avait aussi admis l'immortalité de l'âme. Cette concession *aux vieilles idées* inspirait au citoyen poète Pils, qui avait fondé, en 1792, avec Barré, le théâtre du Vaudeville, des stances dont voici les deux premières. Nous en respecterons l'orthographe :

> Depuis qu'il court chez les méchans
> Un bruit que l'âme est périssable,
> Las ! que je plains l'homme des champs
> En proie au doute qui l'accable !
> Il suspend, afin de gémir,
> Sa musette aux branches d'un hêtre,
> Et dit : « Quand je vis pour mourir
> Mourrois-je pour ne pas revivre ? »

II

Ah ! calmez cet effroi trompeur ;
Le néant n'est qu'une chimère,
Comme à vous il m'avait fait peur,
Et c'est un gouffre... imaginaire,
Que l'athée, encore tout tremblant
D'avoir nié l'Être suprème,
Voudroit creuser mais vainement,
Pour pouvoir s'engloutir lui-même.

Il y avait alors des fêtes à propos de tout et à propos de rien. On célébrait le genre humain, la nature, la vérité, la justice, la pudeur, l'amitié, la frugalité, etc.

Voici deux couplets d'un hymne à la nature, chanté à la section des Tuileries, le 10 messidor an II. Il a bien le cachet du temps :

L'an second de la République,
La liberté nous dit gaiment :
« Voyez cette abondance unique
D'orge, de seigle et de froment !
Contre les lois que je procure
Le fanatisme a beau crier ;
Le ciel sans se faire prier,
Féconde toujours la nature ».

II

Puis donnant sa coupe suprème
A tenir au plus jeune enfant,
La Liberté de sa main même,
Y presse un raisin attrayant,
Et dit encor : « Je t'en conjure,
Mon cher petit républicain,
A la santé du genre humain
Bois ce nectar de la nature ».

Ces poésies ressemblent un peu, comme on dit, à des *vers de mirliton*, mais nous ne doutons pas qu'elles ne fussent cependant fort appréciées par les patriotes, et celui qui se serait permis alors d'en sourire aurait certainement pu le payer cher. Nous reviendrons à la fête du 8 juin 1794, dite de *l'Être suprême*. La première partie de la cérémonie eut lieu dans le jardin des Tuileries.

« De vastes préparatifs avaient été faits conformément au plan conçu par David, nous dit M. Thiers dans son *Histoire de la Révolution*. Le 20 prairial au matin (8 juin), le soleil brillait de tout son éclat. La foule, toujours prête à assister aux représentations que lui donne le pouvoir, était accourue. Robespierre se fit attendre longtemps. Il parut enfin, au milieu de la Convention. Il était soigneusement paré ; il avait la tête couverte de plumes et tenait à la main, comme tous les représentants, un bouquet de fleurs, de fruits et d'épis de blé. Sur son visage, ordinairement si sombre, éclatait une joie qui ne lui était pas ordinaire. »

Après avoir pris place avec la Convention sur un amphithéâtre qu'entouraient des groupes de femmes, d'hommes, d'enfants et de vieillards, couronnés les uns de pampre et d'olivier, les autres de myrte et de chêne, Robespierre prononça un discours ; puis, quittant sa place, vint mettre le feu à des figures représentant l'Athéisme, la Discorde et l'Egoïsme.

Après cette première cérémonie, la Convention se forma en cortège, et précédée de son président, qui affectait de marcher seul très en avant de ses collègues, elle se rendit au Champ-de-Mars, alors appelé le *Champ de la Réunion*.

Au milieu de la vaste plaine s'élevait, à la place de l'autel de la Patrie, une montagne construite avec assez de goût et que surmontait un arbre.

La Convention nationale se plaça sous ses rameaux ; au-dessous d'elle vint se grouper le reste du cortège et la foule se répandit au pied de la montagne.

On chante alors un hymne, composé pour la circonstance par le représentant Chénier, et les adolescents, tirant leurs épées, jurent devant les vieillards de mourir pour la patrie. Les mères élèvent leurs enfants dans leurs bras et rendent hommage à l'Être suprême.

A ce moment, les décharges de l'artillerie se mêlent aux roulements des tambours et aux accents de la musique. Puis les assistants se forment en cortège et défilent devant le dieu *décrété* par la Convention.

La journée se termina par des repas civiques, pris dans les rues et sur le seuil des maisons, comme au temps de Lacédémone.

Telle fut cette fête de l'Être suprême, qui marque l'apogée de la dictature de Robespierre ; mais *la roche Tarpéienne* était près *du Capitole*. En effet, moins de deux mois plus tard, le 9 thermidor (27 juillet 1794), il était décrété d'accusation et périssait sur l'échafaud où il avait fait monter tant d'innocentes victimes (1).

Le 21 octobre de la même année eut lieu une fête qui reposait un peu des cérémonies exclusivement révolutionnaires. Ce fut la *fête des Victoires*, décrétée pour honorer les succès de nos armées. Marie-Joseph Chénier en avait tracé le programme. Un rocher gigantesque, symbole de la patrie victorieuse, fut dressé au Champ-de-Mars. Autour de ce rocher se réunirent les blessés des armées et les invalides.

La Convention et plus de deux cent mille personnes se rendirent à cette cérémonie. Le programme comprenait, comme pour presque toutes les fêtes de cette époque, des hymnes patriotiques, des harangues, voire même d'assez longs discours, le tout terminé par un banquet qui réunissait le peuple et les soldats.

Nous ne trouvons plus guère, avant la première exposition organisée par François de Neufchâteau en 1798, pour encourager les arts et l'industrie, que deux fêtes militaires qui ont eu lieu au Champ-de-Mars.

(1) On sait que lorsqu'il fut conduit au supplice, la foule força la voiture de s'arrêter non loin de l'église de l'Assomption, vis-à-vis de la maison de cette famille Duplay dont Robespierre avait été l'hôte et l'ami. Des rondes se formèrent et dansèrent autour de la charrette. La maison où habita Duplay existe encore ; c'est le numéro 398 de la rue Saint-Honoré. L'appartement de Duplay était situé au premier, au fond de la petite cour, et la chambre de Robespierre aussi au premier à gauche, au-dessus de la fontaine dans la cour.

La première, décrétée par le Directoire pour rendre hommage aux défenseurs de la patrie, le 29 mai 1796, s'intitule *la fête de la Reconnaissance et de la Victoire.*

On plaça, à cette occasion, sur une plate-forme assez élevée, une statue de la Liberté s'appuyant d'une main sur la Constitution et, de l'autre, tenant une pique surmontée du bonnet de Guillaume-Tell, le libérateur de la Suisse.

A cette fête, Carnot, parlant des héros de l'armée d'Italie, dit que « la postérité refuserait d'ajouter foi à la multiplicité de leurs victoires ; mais que, pour les contemporains, l'histoire n'avait plus d'invraisemblance. » Après ce discours, les drapeaux des armées victorieuses furent présentés au gouvernement par quatorze délégations d'invalides qui figuraient les quatorze armées de la République. La fête se termina comme toujours par des danses et des concerts qui se prolongèrent très avant dans la soirée.

La deuxième fête eut lieu l'année suivante, le 22 septembre 1797, jour anniversaire de la fondation de la République. Ce fut encore la gloire de nos armées qui fut célébrée.

On réunit au Champ-de-Mars tous les militaires blessés, de passage à Paris ou qui achevaient de s'y guérir. Ils vinrent se ranger au pied d'une estrade sur laquelle se tenait le Directoire ayant à sa tête La Revellière-Lépeaux.

Après un discours du président sur les vertus guerrières, on distribua des médailles d'argent et des couronnes de laurier aux *anciens de l'armée.* On appelait alors ainsi les pensionnaires de l'hôtel des Invalides, et cet établissement portait le nom de *Temple de Mars.* Des chants patriotiques saluèrent les vieux soldats lorsque, après avoir reçu leurs récompenses, ils allèrent prendre place sur l'estrade d'honneur qui leur était réservée.

En 1798, on devait fêter le sixième anniversaire de la République. Les victoires n'étaient plus à l'ordre du jour ; nos armées avaient même éprouvé quelques échecs sur divers points, et le général Bonaparte était loin de France, en Égypte, avec son armée. Rien n'invitait donc le gouvernement à provoquer, au Champ-de-Mars, une réunion où dominerait l'élément militaire. C'est alors que François de Neufchâteau, ministre de l'intérieur, imagina, pour fêter l'anniversaire de la République, de faire appel aux manufactures pour qu'elles vinssent exposer à Paris, au Champ-de-Mars, leurs produits.

Ce fut la première exposition universelle, essai timide il est vrai, mais qui n'en eut pas moins le mérite d'ouvrir la voie à toutes ces splendides manifestations du génie humain qui auront été l'honneur de notre siècle. Il est permis cependant de souhaiter de les voir se renouveler moins fréquemment pour leur conserver et toute leur valeur et tout leur intérêt.

« On avait construit dans le Champ-de-Mars, nous dit M. Désiré Lacroix (1), soixante arcades ou portiques pour recevoir les produits des artistes et des manufactures. Ces arcades furent disposées en un parallélogramme, ou carré long, autour d'une place et, au centre, on éleva un temple en l'honneur de l'Industrie.

« Cette première exposition des produits de l'industrie en France fut ouverte, avec une grande solennité, le 19 septembre 1798.

« A dix heures du matin, un magnifique cortège, précédant le ministre François de Neufchâteau, se rendit au Champ-de-Mars. Comme le temple de l'Industrie n'était point terminé, le ministre se plaça sur un tertre et prononça le discours d'ouverture.

« Sur quatre-vingt-dix-huit départements dont la France se composait alors, seize seulement envoyèrent des produits et fournirent cent dix exposants.

« Malgré cela, on y trouva réunis presque tous les genres de produits exécutés dans nos manufactures ou dans les ateliers. Les Breguet, les Lemaire, les Lenoir, etc., y envoyèrent des chefs-d'œuvre dans l'horlogerie et dans les instruments de précision ; les Boyer, les Delaitre, les Julien, les Gombert, firent déjà voir quelles améliorations s'étaient introduites dans la fabrication des étoffes de coton, de fil, etc.; les Clouet, les Payen exposèrent leurs produits chimiques. Les Didot, les

(1) Désiré Lacroix, *Histoire anecdotique du Champ-de-Mars.*

Herham soumirent à l'approbation du public des ouvrages
stéréotypés ou imprimés d'une manière admirable. »

Comme nous l'avons dit plus haut, cette exposition, qui
n'avait rien d'international et qui n'était qu'un embryon
d'exposition, fut cependant une source précieuse pour l'ému-
lation artistique et commerciale. Cette heureuse initiative,
toute française, devait être suivie de ces concours pacifiques
qu'il nous a été donné d'admirer dans la seconde moitié de ce
siècle.

CHAPITRE V

Aux scènes plus ou moins tumultueuses de la période révolutionnaire et à l'Exposition de 1798, nous allons voir succéder les fêtes du Consulat et de l'Empire. Elles sont empreintes de l'esprit d'ordre qui a suivi le rétablissement du principe d'autorité.

L'élément civil en est presque complètement banni pour faire place à l'armée et à son glorieux chef, dans lequel s'est incarné le génie de la France.

Comme l'a dit Alfred de Musset, « un seul homme était en vie alors en Europe; le reste des êtres tâchait de se remplir les poumons de l'air qu'il avait respiré (1). »

Au lendemain du 18 brumaire 1799, la Constitution de l'an VIII, *qui a été soumise à l'adoption du peuple français*, a nommé Bonaparte premier consul pour dix ans.

Le 9 février 1800, pendant que les troupes sont réunies en armes au Champ-de-Mars pour la cérémonie de la remise des drapeaux conquis par l'armée d'Égypte, un ordre du jour leur est lu, et M. de Fontanes prononce l'oraison funèbre de Washington, le fondateur de la République des États-Unis. Ce

(1) Alfred de Musset, *la Confession d'un enfant du siècle*, p. 3.

grand citoyen est mort le 15 décembre 1799, et le Premier Consul déclare que pendant dix jours les drapeaux français seront recouverts de crêpes funèbres en signe de deuil.

Les drapeaux conquis dont il est parlé plus haut ont été apportés en grande pompe devant l'École militaire où se sont placés toutes les autorités et les grands corps de l'État. C'est le brave général Lannes qui présente ces nobles trophées aux corps constitués, et l'enthousiasme est général.

Le 16 mars 1800, le Premier Consul passe au Champ-de-Mars la revue de l'armée de Paris.

Sous le gouvernement consulaire, la fête du 14 juillet (anniversaire de la prise de la Bastille) et celle de l'anniversaire de la fondation de la République (22 septembre 1792) sont seules conservées. Et la fête de la Liberté, célébrée le 14 juillet, prend le nom de *fête de la Concorde*.

Après la glorieuse campagne de Marengo, le Premier Consul voulut lui-même présider cette fête de la Concorde. Il se rendit au Champ-de Mars, passa toute la garde consulaire en revue et reçut les drapeaux conquis à Marengo.

Le Moniteur de cette époque déclare que « jamais le patriotisme français ne se montra plus ardent et plus pur que dans cette belle journée ».

Napoléon est devenu empereur. En fondant sa dynastie, il veut, comme Pépin le Bref, être sacré par le pape, et nouvel Etienne III, Pie VII traverse les Alpes pour venir placer la couronne impériale sur le front de l'élu de la France.

Le lendemain du sacre (3 décembre 1804), l'empereur rassemblait l'armée au Champ-de-Mars pour distribuer aux régiments leurs nouveaux drapeaux surmontés de l'aigle romaine.

Une estrade s'élevait devant l'École militaire. Napoléon y parut assis sur un trône et revêtu du costume impérial.

A un signal, les députations de chaque régiment s'avancèrent au pied du trône.

« Soldats, s'écria l'empereur, voilà vos drapeaux ; ces aigles vous serviront toujours de point de ralliement ; elles seront partout où votre empereur les jugera nécessaires pour la défense de son trône et de son peuple. Vous jurez de sacrifier votre vie pour les défendre et de les maintenir constamment par votre courage sur le chemin de l'honneur et de la victoire. Vous le jurez?

— Nous le jurons! » répétèrent d'un cri unanime les présidents de collège et les officiers de l'armée.

Puis les députations de chaque régiment s'avancèrent et reçurent, au milieu des plus vives acclamations, ces drapeaux qui ne devaient rentrer dans la patrie que noircis et déchirés par les balles ennemies, après avoir fait le tour de l'Europe.

Le même jour il y eut, aux Tuileries, un banquet « où l'on vit, dit M. Thiers, l'empereur et le pape assis à table à côté l'un de l'autre, revêtus des ornements impériaux et pontificaux, et servis par les grands officiers de la couronne (1) ».

De 1804 à 1810, le Champ-de-Mars fut un théâtre fermé aux grandes réunions populaires ou politiques. Tout était rentré dans l'ordre. Notre armée passait plus de temps hors de France qu'en dedans des frontières ; peu nombreuse était alors la garnison de Paris et les revues ou *parades* avaient lieu dans la cour du Carrousel et dans celle des Tuileries.

Qui ne connaît, au Louvre, cette superbe page d'histoire d'Hippolyte Bellangé, peinte en 1862, et qui est intitulée : *Un jour de revue sous l'Empire* (1810). Toute l'immortelle épopée revit dans cette toile.

Quelle crânerie et quel contentement de lui-même dans le beau tambour-major des grenadiers à pied de la vieille garde qui occupe le milieu du tableau.

Comme on sent que les caisses des tambours qui le suivent ont fait, à son signal, trembler les vitres de Berlin et de Vienne.

Et la musique, avec son cymbalier nègre ! Le petit chien du régiment qui règle son pas sur celui des tambours ! Les masses qui débouchent de l'arc du Carrousel après avoir défilé devant l'empereur, dont on aperçoit le cheval blanc sous le pavillon de l'Horloge ! Au premier plan, un gamin fait un pied de nez au gendarme d'élite dont le cheval maintient la

(1) Thiers, *Histoire du Consulat et de l'Empire.*

foule. Plus loin, des enfants cabriolent devant les soldats. Comme tout cela est vivant, charmant et bien français !

Ce tableau, indépendamment du mérite de la composition, constitue un véritable document au point de vue des costumes civils et militaires de l'époque. De plus, il fait revivre le palais des Tuileries tel qu'il était avant sa destruction par l'incendie de la Commune en 1871. On y retrouve également la grille qui séparait la cour du château de la place du Carrousel.

Le 24 juin 1810, le vaste terrain s'étendant devant l'École militaire sortit de son calme pour la fête offerte à l'empereur par la garde impériale à l'occasion de son mariage avec Marie-Louise.

Le général Lejeune, dans ses intéressants mémoires, nous donne des détails sur cette belle fête : « La vaste étendue du Champ-de-Mars, le palais de l'École militaire et ses cours immenses étaient occupés par toutes les parties de la fête. Le grand balcon et les appartements du palais étaient richement décorés pour recevoir l'empereur et la cour et leur faire voir, avant la fin du jour, le spectacle très animé des courses de chars et d'un grand nombre de chevaux réunis par pelotons, disputant des prix que les élégants cavaliers venaient recevoir des mains de l'impératrice. Des jeux équestres de toute espèce, des carrousels avaient lieu depuis quelques heures pour intéresser la foule. Ensuite, des ballons furent lancés à une grande hauteur, à laquelle on les vit avec plaisir recevoir une seconde fois les derniers rayons du soleil qui déjà nous avait laissés dans le crépuscule. L'air était tranquille et ces ballons planaient sur nos têtes. Alors Mme Blanchard, la célèbre aéronaute, recevant le signal du départ, fit trancher les liens qui retenaient son immense ballon, richement décoré de devises et d'allégories, elle s'éleva majestueusement dans l'air et, en montant, elle répandait à pleines mains, sur les nombreux spectateurs, des corbeilles de fleurs et des milliers de légers tissus de soie, des écharpes, des mouchoirs qui se développaient en tombant et simulaient autant de flammes de mille couleurs...

« La nuit fut bientôt arrivée, et ces mêmes ballons, que

l'air tranquille laissait planer sur nos têtes, allumèrent des artifices qui représentaient de lumineux météores, embrasant le ciel dans une grande étendue, et qui retombaient avec lenteur sur nous en pluie d'or. Le sexe, la figure gracieuse et le courage de la jeune aéronaute avaient excité un vif intérêt, et l'on trembla pour elle lorsqu'on comprit le danger que courait son ballon, qui pouvait s'enflammer au moment où elle allumait tous ces feux d'artifice...

« Après ce beau spectacle de feux descendant du ciel, le maréchal Bessières, président de la fête, vint prier l'impératrice, en lui offrant la baguette d'or de Médée, d'être la magicienne qui allait, en touchant le dragon précurseur de l'incendie, faire briller le palais de la féerie. De grands éclats de gaieté se firent entendre tout à coup autour d'elle. L'empereur et tous ses guerriers qui l'entouraient rirent jusqu'aux larmes en voyant l'hésitation timide et craintive avec laquelle cette jeune princesse reçut la terrible prière de mettre le feu à un dragon, qui pouvait faire une détonation semblable à un coup de canon. L'empereur insista cependant et dirigea sa main tremblante; elle ferma les yeux et ne les rouvrit que pour voir un dragon magnifique partant du balcon comme la foudre, pour aller au milieu du Champ-de-Mars porter sa flamme successivement aux plus belles décorations pyrotechniques qu'on ait jamais produites : des temples, des palais, des allégories, des vers, des devises en feux de couleurs, des pluies continuelles de feux et d'étoiles, des gerbes brillantes et un volcan qui éclairait comme en plein jour six cent mille personnes attirées sur les talus du Champ-de-Mars... Il était onze heures lorsqu'on put descendre aux salons préparés pour la danse.

« Les cours du palais étaient transformées en salles magnifiques destinées au bal et au banquet, les décorations en étaient martiales et élégantes. Tout ce qu'il y avait de plus brillant à Paris y était invité et l'ordre ne cessa d'y régner. »

Une solennité moins connue eut lieu également au Champ-de-Mars, dans un intervalle entre les désastres qui précipitèrent la chute du premier Empire. Ce fut un banquet offert également par la garde impériale aux garnisons de Paris et de Lyon et à deux bataillons campés aux Tuileries, formant un effectif de douze cents officiers et de douze mille soldats. Le général Pelet fut chargé de l'organisation de cette fête. Il choisit pour salle du festin l'École militaire pour les officiers et le Champ-de-Mars pour les soldats.

Bon nombre de dames furent admises à circuler autour des tables des soldats, qui avaient été servies moyennant deux francs par tête par un marchand de vin et un restaurateur du Gros-Caillou.

La carte des officiers avait été fixée à vingt francs. Moyennant cette somme, Véry fit, paraît-il, des prodiges. Le banquet se termina par une promenade et par une manifestation improvisée des convives au pied de cette même colonne Vendôme que, quelques mois plus tard, les étrangers allaient décapiter. Ce fut la dernière fête impériale avant la solennité du champ de mai de 1815.

La coalition a triomphé du puissant empereur.

Le 11 avril 1814, Napoléon abdique à Fontainebleau, et, après avoir fait ses adieux à ses vieux soldats dans la cour du Cheval blanc, il part pour l'île d'Elbe avec les généraux Bertrand, Drouot, Cambronne et quatre cents hommes de la garde impériale. Un îlot de quelques kilomètres carrés est maintenant tout l'empire de l'homme qui, pendant quinze ans, a régné sur la moitié de l'Europe!

Le comte de Provence, frère de Louis XVI, est appelé à régner sur la France, et il prend le nom de Louis XVIII, datant son règne de la mort de son neveu, la malheureuse victime des fureurs révolutionnaires.

Le 7 septembre 1814 a lieu, au Champ-de-Mars, la distribution et la bénédiction des drapeaux blancs des trente mille hommes de la garde nationale parisienne, que commande le comte d'Artois, colonel général des gardes nationales du royaume.

« On avait construit, dit Imbert de Saint-Amand (1), devant

(1) Imbert de Saint-Amand, *la Duchesse d'Angoulême et les deux Restaurations.*

le bâtiment de l'École militaire, une estrade pour le trône royal. Au milieu du Champ-de-Mars s'élevait un autel. A neuf heures et demie du matin, toute la garde nationale était sous les armes et en bataille. A onze heures et demie, le canon annonça l'arrivée du souverain.

« A son entrée au Champ-de-Mars, le roi monta dans une calèche à huit chevaux, et n'ayant avec lui, dans cette calèche, que la duchesse d'Angoulême, il passa en revue la garde nationale.

« Monsieur, en sa qualité de colonel général des gardes nationales du royaume, se tenait à la portière et désignait au roi, son frère, les différents corps et leurs chefs.

« Après la revue, Louis XVIII descendit de voiture, en face de l'École militaire, monta sur l'estrade et se plaça sur son trône.

« Entouré des grands officiers de la couronne, des maréchaux de France et des généraux, il avait son frère à sa droite et, à sa gauche, sa nièce, Mme la duchesse d'Angoulême.

« Mgr de Talleyrand-Périgord, archevêque de Reims, grand aumônier de France, était à l'autel. Le roi prit des mains de Monsieur le drapeau de la première légion et inclina le fer de la lance vers la duchesse d'Angoulême, qui y attacha la cravate. Il le remit ensuite au chef de la première légion, qui, descendu de l'estrade, fit le salut du drapeau et alla rejoindre le détachement par lequel il avait été accompagné.

« Les drapeaux des onze autres légions et celui de la garde nationale à cheval furent remis de la même manière.

« Les chefs s'avancèrent ensuite vers l'autel, où le grand aumônier bénit les drapeaux. Puis toute la garde nationale défila devant le trône. »

Le roi prononça, après le défilé, quelques paroles. Monsieur prêta alors serment au roi au nom des gardes nationales, qui s'écrièrent : « Oui, oui, nous le jurons. Vive le roi ! »

Louis XVIII embrassa à ce moment son frère, et, dit *le Moniteur*, « des larmes d'attendrissement coulèrent de tous les yeux ».

Les fêtes de ce genre se suivent et se ressemblent. C'est toujours le même enthousiasme, que ce soit la Fédération, la distribution des aigles ou celle des drapeaux blancs fleurdelisés.

Mais six mois sont à peine écoulés que les Bourbons ont repris le chemin de l'exil, fuyant devant l'aigle volant du golfe Juan aux Tuileries, et Napoléon, revenu de l'île d'Elbe, distribue de nouveau ses aigles à sa dernière armée. Il doit aussi, en ce jour, accorder l'*acte additionnel* aux constitutions de l'Empire.

Pour cette cérémonie si imposante, à la veille de son départ pour la campagne de Belgique, l'empereur, malgré des avis contraires, décida de se rendre au Champ-de-Mars comme il s'était rendu au sacre, c'est-à-dire avec le même appareil.

« Il se transporta, le 1er juin, au Champ-de-Mars, dit M. Thiers (1), en habit de soie, en toque à plumes, en manteau impérial, dans la voiture du sacre attelée de huit chevaux, précédé des princes de sa famille et ayant à sa portière les maréchaux à cheval. Il s'achemina ainsi, par le jardin des Tuileries, les Champs-Élysées, le pont d'Iéna, à travers une foule curieuse, toujours sensible à sa présence, l'applaudissant assez vivement, mais profondément inquiète.

« D'un côté du Champ-de-Mars se trouvaient vingt-cinq mille hommes composant la garde nationale de Paris, de l'autre vingt-cinq mille soldats de la garde impériale et du 6e corps, lesquels n'attendaient pour partir que la fin de la cérémonie. Tous applaudirent Napoléon, mais les soldats de la garde impériale et du 6e corps avec frénésie. »

Napoléon, suivi de son cortège, vint prendre place sur le trône adossé au bâtiment de l'École militaire. Ses frères occupaient des tabourets à ses côtés. Derrière et un peu au-dessus, sa mère et ses sœurs se tenaient dans une tribune.

La cérémonie commença. « Sous sa toque à plumes, dit encore M. Thiers, le beau visage de Napoléon était grave et presque triste. On cherchait en vain à ses côtés sa femme et son fils et l'on sentait péniblement l'isolement produit autour de lui par l'inexorable volonté de l'Europe... L'armée, poussant de temps en temps des cris convulsifs de : Vive l'empereur !

(1) Thiers, *Histoire du Consulat et de l'Empire*.

échappait à la tristesse générale par les nobles fureurs du patriotisme. »

Après la messe, célébrée par l'archevêque de Tours, Mgr de Barral, on chanta le *Te Deum*, puis le prince-archichancelier Cambacérès lut l'acte additionnel aux constitutions de l'Empire.

Après l'avoir signé, l'empereur prononça son célèbre et dernier discours, qui commençait par ces mots : « Empereur, consul, soldat, je tiens tout du peuple... » Puis, se levant, il déposa son manteau impérial et traversa l'enceinte demi-circulaire pour distribuer les drapeaux.

« Napoléon, dit le grand historien national, s'avançant jusqu'à la première marche et ayant au-dessous de lui, à portée de la voix, les détachements des divers corps, leur dit, en saisissant un des drapeaux : « Soldats de la garde nationale de
« Paris et de la garde impériale, je vous confie l'aigle aux cou-
« leurs nationales : vous jurez de périr, s'il le faut, pour la
« défendre contre les ennemis de la patrie et du trône !... —
« Oui, oui, nous le jurons ! répondirent des milliers de voix.
« — Et vous, soldats de la garde impériale, vous jurez de
« vous surpasser vous-mêmes dans la campagne qui va s'ou-
« vrir et de mourir tous plutôt que de souffrir que les étran-
« gers viennent dicter la loi à la patrie ! — Oui, oui ! » répondirent avec transport les soldats de la garde, qui devaient bientôt, dans les champs de Waterloo, tenir leur parole, non pas de vaincre, hélas ! mais de mourir.

« Après ces courtes allocutions, accueillies avec transport, les députations de l'armée, se succédant à rangs pressés, vinrent recevoir leurs drapeaux. »

Les troupes défilèrent ensuite au pas accéléré, au bruit des fanfares et des cris de : « Vive l'empereur ! »

Si nous nous sommes un peu étendu sur la cérémonie du 1er juin 1815, c'est que ce fut la dernière du premier Empire et, selon nous, peut-être la plus émouvante dont le Champ-de-Mars ait été le témoin, étant donné la gravité des circonstances.

Pendant une période de douze années, de 1818 à 1830, peu de réunions eurent lieu au Champ-de-Mars.

Deux, cependant, méritent d'être rappelées.

La première, lors du retour de l'armée qui, sous le commandement du duc d'Angoulême, avait fait, en 1823, la guerre d'Espagne pour replacer Philippe VII sur le trône.

Le duc d'Angoulême fut accueilli à Paris en triomphateur. Jamais Napoléon, après ses grandes guerres, ne fut reçu avec autant d'enthousiasme. C'était tout au moins exagéré, car bien que la campagne de 1823 ait été très honorable pour nos armes, elle était loin d'égaler les victoires du premier Empire.

On posa sur les hauteurs de Chaillot, à l'occasion de cette rentrée du fils de Charles X, la première pierre d'un monument commémoratif destiné à rappeler la prise du Trocadéro, monument qui resta à l'état de projet, tout comme le palais que Napoléon avait décidé d'élever à cet endroit lors de la naissance du roi de Rome. Ce n'est qu'en 1878 que fut construit, lors de l'Exposition universelle, le palais actuel du Trocadéro.

La seconde solennité fut, en avril 1827, la revue de la garde nationale parisienne passée par Charles X, premier acte du drame dont le second fut la révolution de 1830.

Chaque année, le 12 avril, jour anniversaire de la rentrée de Monsieur à Paris en 1814, la garde nationale faisait seule le service militaire aux Tuileries.

En 1827, comme le 12 avril tombait le jeudi saint, le roi, qui consacrait ce jour à ses devoirs religieux, décida que le jour du service réservé à la milice parisienne serait reporté au lundi 16.

Le matin de ce jour, le roi passa dans la cour des Tuileries la revue des différents détachements de la garde nationale, cavalerie et infanterie. Il fut très acclamé. « Je regrette que toute la garde nationale ne soit pas présente, » dit le roi. Les officiers répondirent que leurs camarades seraient bien heureux si le roi consentait à passer en revue toute la garde nationale de Paris.

Le maréchal Oudinot, duc de Reggio, qui commandait en chef la garde nationale, joignit ses instances à celles de ses officiers, et le roi promit de passer en revue au Champ-de-Mars, le 29 avril, toute la garde nationale.

A cette époque, une coalition des *ultras* et de la gauche combattait avec acharnement le ministère Villèle, auquel on reprochait surtout sa longue durée.

Le roi voulut le consolider en retirant une loi sur la presse que les *ultras* désignaient sous le nom de *loi de justice et d'amour*. La loi fut retirée le 17 avril, le jour même où *le Moniteur* annonçait pour le 29 la revue de la garde nationale. Il y eut des manifestations bruyantes, et le ministère, qui sentait qu'au fond ces manifestations étaient dirigées contre lui, s'efforça en vain de décider le roi à contremander la revue du 29.

Ces instances ne purent ébranler la résolution de Charles X. Le ministère ne fut pas changé, et la revue eut lieu au Champ-de-Mars au jour indiqué.

C'était un dimanche. Par un temps magnifique, toute la population se rendit au Champ-de-Mars, où les douze légions et la garde nationale à cheval attendaient le roi.

A une heure, Charles X quitte les Tuileries, entouré d'un brillant et nombreux état-major où figurent le duc d'Orléans, le jeune duc de Chartres et une foule de généraux. Les princesses suivent dans des calèches découvertes conduites à la Daumont.

On avait fait circuler dans les rangs de la milice parisienne l'avis de crier : Vive le roi ! et Vive la charte ! A ce dernier cri, poussé par les premiers bataillons devant lesquels le roi se présente, son front se rembrunit. Un grenadier quitte les rangs : « Votre Majesté, dit-il, trouve-t-elle donc mauvais que sa garde nationale crie : Vive la charte ! — Je suis venu ici, répond le roi avec une grande dignité, pour recevoir des hommages et non des leçons. » La fierté toute royale de cette réponse produit un bon effet. Les cris de : Vive le roi ! sont poussés alors avec enthousiasme et la revue continue.

Le roi se place, pour le défilé, devant l'École militaire, et les douze légions passent devant lui, en faisant éclater leurs acclamations.

Le roi, revenu aux Tuileries, dit au maréchal Oudinot : « Cela aurait pu se passer mieux ; il y a eu quelques brouillons ; mais la masse est bonne et, au total, je suis satisfait. » Mais, en rentrant dans ses quartiers, la garde nationale, qui avait

croisé la voiture de la duchesse d'Angoulême, avait crié :
« A bas Villèle ! A bas Peyronnet ! A bas les jésuites ! » Aussi,
en descendant de voiture, la fille de Louis XVI, qui avait en-
tendu le roi manifester sa satisfaction au maréchal Oudinot, ne
put-elle s'empêcher de lui dire : « Vous n'êtes pas difficile. »

Quelques jours après, la garde nationale était dissoute. A
peine l'ordonnance eut-elle paru au *Moniteur* que tous les
postes de la milice parisienne furent relevés par la troupe de
ligne et le service de la garde nationale, jusque-là détesté, devint populaire en un clin d'œil. On regarda comme un acte de
défiance une suppression que, quelques années auparavant,
on aurait sollicitée.

Une grande partie de la garde nationale passa dans l'oppo-
sition, et trois ans plus tard, en juillet 1830, apporta un concours efficace pour renverser le trône de Charles X.

En 1831, le nouveau roi Louis-Philippe vint célébrer au
Champ-de-Mars une fête commémorative de la révolution à
laquelle il devait la couronne.

Le 30 mai 1837 avait eu lieu à Fontainebleau le mariage du
duc d'Orléans avec la princesse Hélène, fille du duc régnant
de Mecklembourg-Schwerin.

Les fêtes qui suivirent furent surtout intimes. Le 4 juin, on
rentra à Paris. Le roi et les princes étaient à cheval, la reine,
Mme la duchesse d'Orléans et les princesses dans une calèche
découverte.

De l'arc de l'Étoile aux Tuileries, la garde nationale et l'armée en grande tenue formaient la haie. Une foule immense
se pressait sur le passage de la famille royale, et la jeune princesse paraissait charmée du magnifique spectacle qui s'offrait
à ses yeux et des marques de sympathie que lui prodiguait la
population.

Malheureusement, les fêtes splendides de la ville de Paris
furent attristées par une effroyable catastrophe.

Un feu d'artifice avait été tiré le 14 juin au Champ-de-Mars.
Au retour, le flot des curieux, par suite d'une panique, vint
s'écraser contre la grille qui se trouvait alors près de l'École
militaire. Vingt-quatre personnes furent étouffées, un très

grand nombre grièvement blessées. Le nombre des victimes aurait été encore plus considérable sans le dévouement de l'adjudant Martinet, du 1er cuirassiers, caserné alors à l'École militaire. Ce brave sous-officier, secondé du lieutenant Gruss, du porte-étendard Mitz et du cuirassier Spenlée, parvint, grâce à sa force herculéenne et à son énergie, à couper le flot humain et à conjurer de plus grands malheurs.

Le duc d'Orléans donna aussitôt l'ordre d'arrêter tous les préparatifs de fête et distribua l'or aux victimes à pleine main. On ne manqua pas, à la suite de la catastrophe du Champ-de-Mars, de faire des rapprochements avec celle de la place Louis XV lors du mariage de la dauphine Marie-Antoinette et l'incendie au bal que le prince de Schwartzemberg, ambassadeur d'Autriche, donna en 1810 à l'occasion du mariage de l'impératrice Marie-Louise.

La paix de Kutaïch, conclue en 1833, grâce à l'intervention des puissances européennes, entre le sultan Mahmoud et le vice-roi d'Égypte Méhémet-Ali, pesait au sultan qui se trouvait ainsi dépouillé de la Syrie.

L'énergique Mahmoud ne pouvait se résigner à sa défaite ; aussi le vit-on, en 1839, recommencer les hostilités.

Ibrahim-Pacha, fils de Méhémet-Ali, se porta à la rencontre des Turcs, qu'il défit complètement le 24 juin à la bataille de Nézib. Mais le fruit de cette victoire se trouva annulé par une coalition à laquelle la France ne voulut prendre aucune part (15 juillet 1840).

Le vice-roi d'Égypte fut contraint de rendre la Syrie à la Turquie et n'obtint que la garantie du gouvernement héréditaire de l'Égypte (1841).

M. Désiré Lacroix nous dit que de magnifiques revues furent passées au Champ-de-Mars en l'honneur de Méhémet-Ali. C'est le cas de dire que la moindre intervention de la France l'année précédente aurait bien mieux fait son affaire.

Le vice-roi envoya au roi Louis-Philippe dix beaux chevaux arabes, parmi lesquels était celui qu'Ibrahim-Pacha, son fils, montait à la bataille de Nézib. Ces chevaux furent placés dans les haras du parc de Saint-Cloud.

On voit que le pacha n'avait pas de rancune envers la France et son souverain, puisqu'il lui envoyait des présents malgré la neutralité gardée lors de la coalition de 1840 contre l'Égypte.

Au mois de mai 1846, Ibrahim-Pacha, le vainqueur de Né-zib, vint à Paris rendre visite à Louis-Philippe.

L'altesse égyptienne fut logée au palais de l'Élysée. Le 4 mai, le roi reçut le prince aux Tuileries. « Quatre voitures de la cour se sont rendues à midi à l'Élysée-Bourbon, nous dit un journal du temps. Ibrahim-Pacha, qu'avait précédé l'ambassadeur turc, est monté dans la première voiture. Soliman-Pacha (le colonel Selves), les aides de camp du prince et les jeunes gens de l'École égyptienne occupaient les trois autres voitures. Six piqueurs et six hommes d'attelage de la maison du roi escortaient les voitures. Elles sont arrivées dans cet ordre au pavillon de Flore. Le fils du vice-roi a été reçu en descendant de voiture par M. le duc de Montpensier, qui l'a conduit dans la salle du trône, où se trouvaient le roi, en uniforme de lieutenant général, la reine, le prince de Joinville et les princesses. La nombreuse suite d'Ibrahim venait après lui. M. le maréchal duc de Dalmatie, en uniforme de maréchal, et M. le ministre des affaires étrangères, aussi en uniforme, M. le maréchal Sébastiani et des généraux, assistaient à cette éclatante réception. »

Le lendemain, Ibrahim alla visiter le fort de Vincennes, où l'attendaient les ducs de Montpensier et de Nemours et le prince de Joinville. Ibrahim-Pacha et les officiers de sa suite sont venus dans les équipages de la cour. Ils ont mis pied à terre pour monter de magnifiques chevaux qui leur avaient été préparés.

On se souvient qu'en 1841 Méhémet-Ali envoya au roi de beaux chevaux arabes parmi lesquels celui que montait Ibrahim à la bataille de Nézib. Aujourd'hui, le fils du vice-roi a retrouvé à Saint-Maur son ancien cheval de bataille, qu'il a immédiatement monté, non sans laisser voir une vive émotion, ni sans témoigner aux princes toute sa reconnaissance.

De grandes manœuvres ont ensuite été exécutées avec une remarquable précision. Après ces manœuvres a eu lieu le défilé.

A cinq heures, il y a eu grand dîner dans le vieux fort de Vincennes, dans les appartements particuliers de M. le duc de Montpensier.

Plusieurs fêtes marquèrent le passage d'Ibrahim-Pacha à Paris, mais nous ne nous arrêterons pas à les décrire, ne voulant pas sortir du cadre que nous nous sommes assigné.

Nous citerons seulement la revue des troupes de la garnison de Paris qui eut lieu au Champ-de-Mars, le 26 mai, devant Ibrahim-Pacha. « Jamais la grande ville ne nous a paru plus populeuse et plus brillante, nous dit le *Courrier de Paris* (1); la foule encombrait de bonne heure toutes les avenues qui conduisent au Champ-de-Mars. Le défilé des troupes a duré trois heures, le défilé des curieux s'est prolongé toute la journée. Nous ne parlerons pas longuement de cette fête militaire dont Paris et la France entière ont déjà retenti. Le plus beau temps a favorisé cette entrevue des plus belles troupes du monde et de la population parisienne.

« Devant la grandeur et l'éclat d'un pareil spectacle, on n'a de regards que pour lui (Ibrahim-Pacha), chaque détail se confond dans l'ensemble et s'y perd, et c'est à peine si nos Parisiens émerveillés ont rendu le sourire et le salut des adieux à l'hôte illustre dont naguère encore la haute renommée et le caftan d'or captivaient toute leur attention. Le monde diplomatique lui-même et la politique officielle, qui garnissaient les tribunes réservées, semblaient n'avoir d'yeux et d'oreilles que pour les évolutions et simulacres de la guerre et oubliaient complètement la question d'Orient qui, coiffée du *fez* et le damas pendu à la ceinture, chevauchait sous ses yeux.

« Aux côtés d'Ibrahim-Pacha et derrière M. le duc de Nemours se pressaient une foule d'illustrations d'état-major dont il nous serait plus facile de crayonner les visages et les uniformes que de dire les noms. Nous laissons à d'autres le soin de compter les épaulettes françaises qui s'y trouvaient. Quant aux notabilités ottomanes, il faudrait être fort comme un Turc sur l'é-

____

(1) Extrait du numéro du 30 mai 1846 de *l'Illustration.*

gyptien pour débrouiller ces hiéroglyphes et se tirer de la ba-
garre des pachas, des beys et des effendis... »

J'ai donné cet extrait de *l'Illustration* comme un document
assez original de l'époque, mais je regrette qu'il soit aussi fan-
taisiste et si peu précis au point de vue des détails de la revue
en elle-même.

Le dessin de *l'Illustration*, qui reproduit la revue du 26 mai,
nous montre simplement des lanciers défilant au pas devant
l'altesse égyptienne.

Qu'il y a loin de cette lithographie presque naïve aux compositions pleines de talent qui remplissent aujourd'hui les nombreux journaux illustrés !

CHAPITRE VI

Sous la seconde République eut lieu, au Champ-de-Mars, le 21 mai 1848, une fête importante pour honorer, comme on disait alors, *la résurrection du règne de la liberté.*

Nous emprunterons la description de cette cérémonie à un contemporain :

« A l'entrée du Champ-de-Mars, du côté du pont d'Iéna, s'élèvent deux pyramides de forme triangulaire, partant d'une base circulaire. Trois statues en plâtre de 14 pieds de hauteur sont adossées à chacune des pyramides. Autour de celle de gauche, on voit la figure de la France appuyée sur une table où sont inscrits ces mots : *Abolition de la peine de mort, Suffrage universel, Liberté de la presse.* L'Italie avec la coiffure de Cybèle, tenant une épée sur son épaule et une tiare dans l'autre main, et la blonde et romantique Allemagne appuyée sur une lyre.

« Autour de la pyramide de droite sont : la Liberté, appuyée sur une massue et tenant en main des fers brisés ; l'Egalité, que désigne le niveau placé dans une de ses mains ; enfin, la Fraternité, qui étend une de ses mains ouverte et pose l'autre sur sa poitrine. Ces diverses statues improvisées sont, en général, d'un aspect satisfaisant.

« Sur les faces de cette dernière pyramide, on lit les inscriptions suivantes :

LA LIBERTÉ CONSACRE LA JUSTICE POUR RÈGLE

LES DROITS D'AUTRUI POUR BORNE

LA NATURE POUR PRINCIPE ET LA LOI POUR SAUVEGARDE

LA NATION RÈGNE, LA LOI GOUVERNE

LA LOI EST LE NIVEAU RIGIDE DE L'ÉGALITÉ

LE PEUPLE EST SOUVERAIN

SES MANDATAIRES ADMINISTRENT

UNISSEZ-VOUS LES UNS AUX AUTRES

AIMEZ VOTRE PROCHAIN COMME VOUS-MÊME

CHACUN POUR TOUS, TOUS POUR CHACUN

« Neuf pavillons des peuples libres et bannières à bordure dorée sont suspendus à une corde qui va d'une pyramide à l'autre, et servent à compléter une sorte de portique aérien qui marque l'entrée du Champ-de-Mars. La bannière du milieu porte ces deux vers de Béranger :

Peuples, formez une sainte alliance
Et donnez-vous la main.

« Un peu plus loin, comme deux sentinelles avancées de ce vaste camp, se dressent deux autres figures de 18 pieds de haut : l'Agriculture et le Commerce. Ces statues, sans piédestaux et simplement disposées à terre sur la charpente qui leur sert de support, font assez mauvaise figure et attestent la précipitation et le désordre qui ont régné dans les préparatifs de la fête et dont on retrouve à chaque pas la preuve.

« Une immense et large avenue est marquée au milieu du Champ-de-Mars jusqu'à l'École militaire par une double rangée de piédestaux surmontés de trépieds portant des réchauds pour l'illumination du soir. Entre chacun des piédestaux sont figurées des bannières en verres de couleur, également en vue de l'illumination.

« Ce qui appelle l'attention, c'est la statue colossale de la République, placée, au milieu du Champ-de-Mars, sur un piédestal très élevé. Cette statue, par M. Clésinger, est coiffée du bonnet phrygien, tient de la main gauche des couronnes de chêne qu'elle prend sur un autel, et pèse dans sa main droite une épée et une branche d'olivier, comme si elle offrait au monde la paix ou la guerre. Le piédestal qui la porte est flanqué, sur ses quatre faces, de lions, par M. Barye. Deux statues, représentant l'armée de terre et l'armée de mer, font face à l'École militaire, et répètent, de ce côté, la disposition que nous avons signalée à l'autre extrémité du Champ-de-Mars.

« La partie la plus brillante de la fête a été le cortège. A part *les théories*, à l'instar de la Grèce, de jeunes filles vêtues de robes blanches, rien n'était, en réalité, plus moderne et plus beau que le défilé des diverses corporations avec un trophée spécial formé des produits de leur industrie. Mais ce qui a produit le meilleur effet, ce ne sont ni les réminiscences antiques, ni les souvenirs par trop allégoriques du Directoire; c'est le ciel radieux qui faisait briller les mille bannières, les drapeaux, les étendards, les oriflammes, les banderoles tricolores; c'est le soleil qui éclairait une foule immense, qui reluisait sur les fusils de deux cent mille gardes nationaux, et sur les broderies d'un état-major proportionné à cette armée. »

« Le temps le plus beau a favorisé cette belle fête, » disait en effet *le Moniteur*. Mais, hélas! le ciel accueille souvent de ses splendeurs des réjouissances qui servent à inaugurer un règne bien éphémère. La courte durée de la République de 1848 en est la preuve, et le Champ-de-Mars va bientôt servir de lieu de réunion aux fameux ateliers nationaux, prologue de la terrible insurrection de juin.

Avant d'en arriver à cette partie de son histoire, nous rappellerons que le Champ-de-Mars ne fut pas toujours, à cette époque et sous le règne de Louis-Philippe, consacré exclusivement aux cérémonies et aux réjouissances officielles.

Souvent la ville, moyennant un loyer assez fort, autorisait des particuliers à s'en servir pour certaines fêtes privées. Telles furent *le Camp du drap d'or*, fête organisée par l'Hippodrome, les fantasias des arabes, ou encore les ascensions aérostatiques de M. et Mme Poitevin.

Tout Paris se portait en foule au Champ-de-Mars pour voir les hardis aéronautes. Lorsque Mme Poitevin, compagne aventureuse des excursions aériennes de son époux, arrivait soit dans une élégante voiture traînée par deux poneys, soit encore sur un animal quelconque en costume mythologique, l'enthousiasme était à son comble.

M. Poitevin, en costume de jockey, se faisait souvent enlever monté sur un cheval.

« Mme Poitevin s'élèvera-t-elle dans les airs en amazone, disait un journal du temps, ou bien sur un taureau et dans le simple appareil d'Europe ravie par Jupiter ? Aurons-nous une ascension de la voiture et de son attelage, ou bien un train de plaisir aérien moyennant 50 francs le billet d'ascension ? Je n'ai pourtant jamais rien vu de fort pittoresque et de fort intéressant dans ces enlèvements d'animaux captifs et enchaînés, qui baissent la tête et laissent pendre leurs jambes de la façon la plus piteuse. »

On pouvait lire aussi dans les journaux un *fait divers* ainsi conçu :

« L'ascension de M. Poitevin a été favorisée par un temps magnifique ; l'intrépide aéronaute et sa non moins intrépide épouse sont descendus sans danger à... où les habitants du pays leur ont prêté aide et secours. Après avoir dégonflé leur ballon, les époux Poitevin ont trouvé, chez M. le maire, une généreuse hospitalité, et sont revenus le lendemain par le chemin de fer. »

C'était encore au Champ-de-Mars qu'avaient lieu les courses de la ville de Paris : courses plates et courses d'obstacles. L'arène était déterminée par une barrière qui courait circulairement autour de l'immense plaine. Des tribunes s'élevaient, comme aujourd'hui à Longchamp et sur les autres champs de courses, pour recevoir les membres du Jockey-Club et les spectateurs. Ce qu'on pouvait reprocher à cet immense *turf*, c'était de manquer un peu d'ombrages. La poussière aussi y était plus épaisse que sur nos nouveaux hippodromes. Toutes ces raisons finirent par faire préférer les terrains de Longchamp et d'Auteuil.

Nous devons parler maintenant des ateliers nationaux qui furent établis au Champ-de-Mars, en 1848, peu de temps après la révolution de Février. Un mot d'abord sur leur origine.

L'ouverture en France de ces ateliers d'urgence en temps de disette ou de stagnation de travail, pour en donner à ceux qui en manquent, remonte assez loin.

Un édit de 1545 prescrit d'employer les mendiants valides aux travaux publics ; des ordonnances du 13 avril 1685, du 10 février 1699, du 6 août 1709, règlent la police de ces ateliers. Louis XVI étendit ce mode d'assistance à tout le royaume (1786 et 1788). En 1790, on ouvrit dans Paris et dans les environs de vastes *ateliers publics* ; ces établissements furent réglementés par la loi du 24 vendémaire an XII.

On recourut à ces ateliers dans les disettes de 1810 et de 1817, après la révolution de 1830, lors de la crise industrielle qui affligea Lyon en 1837, et enfin en 1848, où ils prirent le nom d'ateliers nationaux et furent établis au Champ-de-Mars.

On voit qu'il y avait eu des précédents et que la seconde République n'innovait rien en ce genre.

Malheureusement, l'organisation de ces derniers ateliers était mauvaise, et l'insubordination qui s'y introduisit en fit bientôt un danger imminent.

« Les ateliers nationaux, dit l'*Histoire contemporaine* (t. II, p. 90), s'encombraient d'une population exaltée qu'on ne pouvait employer, qu'on ne savait plus comment payer et encore moins contenir. »

Il fallait cependant se délivrer de ces cent mille hommes, embarras quotidien pour les finances, péril perpétuel pour la sécurité publique. L'Assemblée demanda la dissolution des ateliers nationaux et le gouvernement la prépara.

Une commission avait été nommée par l'Assemblée pour rechercher les moyens de mettre un terme au désordre. Une vive discussion s'engagea. « Autrefois, s'écria Victor Hugo, nous avions le désœuvré de l'opulence ; aujourd'hui, nous avons le désœuvré de la misère. La monarchie avait des oisifs, la République aura-t-elle des fainéants ? »

M. de Falloux, jeune député légitimiste, qui devait être plus tard ministre du prince-président, fut chargé du rapport qui concluait à la dissolution.

Auparavant, la commission avait cherché à amener cette dissolution en rendant, le 21 juin, un décret qui enjoignait à tous les ouvriers de dix-huit à vingt-cinq ans de s'enrôler immédiatement dans l'armée : ceux qui refuseraient cesseraient de faire partie des ateliers. On dirigeait en même temps plusieurs convois d'ouvriers sur la province, pour entreprendre des travaux de terrassement. Ces mesures excitèrent la plus vive fermentation. Déjà les ouvriers s'étaient émus lors de l'enlèvement de leur chef, Emile Thomas, qui avait été envoyé sous escorte à Bordeaux.

Bref, le 22 juin, les premiers rassemblements se formèrent sur la place Saint-Victor, avec l'intention de se porter sur le palais du Luxembourg, où siégeait la commission exécutive. Le lendemain s'élevaient des barricades, et Paris fut ensanglanté par une terrible insurrection.

La répression en fut prompte et énergique, et, grâce au général Cavaignac, la cause de l'ordre triompha.

Le 10 décembre de la même année, le prince Louis-Napoléon était appelé à la présidence de la République par 5 562 854 suffrages.

La première fête importante au Champ-de-Mars, sous la présidence, fut celle offerte, le 6 août 1850, aux exposants de Londres, aux aldermen et au lord-maire. Elle fut toute militaire. Voici le compte-rendu que nous en donne un journal illustré de l'époque :

« Le pont d'Iéna, la Seine, le Trocadéro et le Champ-de-Mars, ont été le champ de bataille accidenté sur lequel une armée française a donné aux exposants de Londres le spectacle d'une petite guerre. Trente mille hommes environ, infanterie, cavalerie, artillerie et génie, furent divisés en deux armées, dont l'une occupait le Champ-de-Mars et l'autre le Trocadéro.

« Il s'agissait, pour la division postée au Champ-de-Mars, de passer la rivière au moyen d'un pont de bateaux, sous le feu des défenseurs du Trocadéro, et de débusquer ces derniers de leur position.

« La compagnie des pontonniers, protégée par deux batteries, a, malgré un feu vif, jeté, dans un intervalle d'une demi-heure à peine, son pont composé de vingt-quatre bateaux ; sur-le-champ, la fusillade s'est rapprochée du Trocadéro, qui pourtant a repoussé les assaillants et les a forcés de repasser le pont.

« L'armée naguère assiégée est devenue assaillante à son tour ; elle a débouché, cavalerie et infanterie, par toutes les issues et dans le plus bel ordre sur la rive de la Seine, et après plusieurs alternatives, ses cavaliers ont enfin refoulé les tirailleurs et les postes avancés de l'armée ennemie. Alors l'infanterie a emporté le pont à la baïonnette et s'est élancée au pas de charge dans l'intérieur du Champ-de-Mars. C'en aurait été fait des vaincu, sans une brillante charge exécutée par les carabiniers, qui a de nouveau rendu la victoire incertaine. Le programme s'arrêtait ici. Français combattant contre Français, il ne peut y avoir que des vainqueurs. »

Il y a loin de ces jeux guerriers, de ces *petites guerres*, comme on les appelait, aux grandes manœuvres d'aujourd'hui. Ces dernières ont une bien plus grande importance au point de vue de l'instruction des troupes, de leur entraînement, et, sous ce rapport, un progrès très marqué, incontestable, a été réalisé. Mais, en 1850, on ne pensait, dans ces simulacres de guerre, qu'à charmer les yeux des milliers de spectateurs qui garnissaient les talus entourant alors le Champ-de-Mars, et ceux non moins nombreux massés sur les hauteurs de Chaillot. Pourvu qu'on fit parler la poudre et reluire les baïonnettes, on se préoccupait peu du reste. Pour ces grands exercices à feu, les troupes étaient en grande tenue, et l'on peut dire que leur attitude était martiale, correcte et imposante. Les hommes faisaient alors sept ans de service, plusieurs étaient rengagés et prenaient souvent leur retraite comme simples soldats, après vingt-cinq ans de présence sous les drapeaux. Beaucoup de vieux soldats encadraient donc les recrues et contribuaient à former une armée trop peu nombreuse, hélas ! mais admirable et d'une grande solidité. On en eut la preuve cinq ans plus tard, lorsqu'elle emporta d'assaut Sébastopol, après avoir supporté vaillamment les fatigues d'un des sièges les plus longs et les plus meurtriers de l'histoire des guerres modernes.

Oui, elle était belle, cette armée de Crimée aguerrie par les campagnes d'Afrique ! On la revit briller de tout son éclat en 1859, dans les plaines de la Lombardie, aux champs de Magenta et de Solférino. Elle ne devait succomber que onze ans plus tard, écrasée par les masses allemandes.

Ils sont trop ! disaient, en 1814, nos soldats en tombant au pied des hauteurs de Montmartre. *Ils sont trop !* répéteront, en 1870, à Saint-Privat, les soldats de l'héroïque Canrobert, et le 1er septembre, sur le plateau de la Moncelle, ceux du général Lebrun. Après cet hommage bien mérité rendu à la vieille armée, reprenons l'histoire du Champ-de-Mars.

Le 10 mai 1852, eut lieu la dernière cérémonie vraiment imposante qu'ait vue le Champ-de-Mars.

Ce jour-là, le neveu de Napoléon 1er, devenu président de la République de par la volonté nationale, remettait à l'armée ses nouveaux drapeaux surmontés de l'aigle, comme au temps de l'Empire premier.

Un autel monumental, ou plutôt une vraie chapelle, avait été construite au Champ-de-Mars pour cette cérémonie.

Ouverte sur toutes ses faces, cette chapelle avait 18 mètres de large sur 25 mètres de hauteur ; elle était peinte en blanc rehaussé d'or, soutenue par huit colonnes. Sur les quatre pans s'étendaient quatre immenses vélariums de velours cramoisi, bordés et drapés d'or ; au-dessus de l'autel, un dais d'une magnificence inouïe et un drap d'or courant sur toute la surface complétaient la décoration de la chapelle. Sur les huit colonnes s'élevaient huit statues allégoriques et un dôme surmonté d'une croix immense.

Cinquante marches conduisaient au palier de la chapelle (1).

(1) Le nombre des ecclésiastiques et des membres des congrégations religieuses qui assistaient à cette cérémonie a été de plus de huit cents, dont plusieurs cardinaux et évêques.

En avant de l'Ecole militaire, le génie avait construit une estrade pour le président de la République, de vastes et élégantes tribunes pour le corps diplomatique, les grands corps de l'Etat, les fonctionnaires et les invités.

La foule, venue de tous les points de Paris, grossie la veille et dans la matinée par les trains de plaisir qui avaient dépeuplé la banlieue, la foule avait inondé les tertres, les talus, les hauteurs du Trocadéro et jusqu'aux toits des maisons.

« Dès huit heures du matin, l'océan de têtes s'étendait à perte de vue, nous dit *l'Illustration*, et la fête ne commençait qu'à midi.

« Indépendamment des tribunes réservées, de chaque côté du Champ-de-Mars, sur le haut des tertres s'élevaient des constructions de différentes formes, établies aux frais des particuliers et qui ne contenaient pas moins de quarante mille personnes. Les billets, dont le prix avait été fixé à 5 francs, se vendaient 50 francs, 100 francs et jusqu'à 150 francs.

« L'aspect que présentaient, sous un ciel admirable, la variété des uniformes et la parure des dames était éblouissant et offrait un coup d'œil superbe. Les sénateurs, les conseillers d'Etat, les magistrats, portaient tous le costume officiel. »

Quatre-vingt mille hommes de toutes armes et cent bouches à feu avaient été réunis au Champ-de-Mars, et un éclatant soleil de printemps faisait étinceler des milliers de sabres et de baïonnettes. Le spectacle était grandiose.

Le prince-président, entouré d'un nombreux état-major dans les rangs duquel on remarquait des représentants de toutes les armées étrangères et plusieurs chefs arabes aux burnous flottants, à la selle brodée et ornée de pierreries, arriva par le pont d'Iéna, salué à son entrée par vingt et un coups de canon.

Après avoir passé au galop entre les lignes de troupes, le prince se dirigea vers sa tribune, placée, comme nous l'avons dit plus haut, devant l'Ecole militaire. On arrivait au sommet de cette estrade par un vaste escalier que coupait trois grands paliers.

De riches tapis de Beauvais et des Gobelins recouvraient les gradins. Des deux côtés se trouvaient des trophées d'armes et des faisceaux contenant chacun seize rampes ornées de leurs étendards.

Les drapeaux et étendards qui devaient être distribués avaient été disposés derrière le prince-président dans l'ordre assigné pour le défilé.

Les chefs de corps qui devaient recevoir les drapeaux vinrent se ranger au bas et à gauche de l'escalier et de l'estrade. Ils montèrent l'un après l'autre jusqu'au prince, qui leur remit le drapeau. Puis, lorsque la distribution fut terminée, ils se rangèrent au pied de l'estrade, faisant face au prince, et remontèrent ensemble les gradins.

Alors, le président de la République leur adressa une courte mais vibrante allocution, et, ce discours prononcé, les porte-drapeaux se dirigèrent vers l'autel et bientôt un coup de canon annonça le commencement de la messe. Un autre coup de canon annonça l'élévation. A ce moment, dans toute l'étendue du Champ-de-Mars, les tambours battirent aux champs, les trompettes sonnèrent la marche, les troupes présentèrent les armes. C'était d'un aspect saisissant. A l'issue de la messe, une salve de cent coups de canon annonça la bénédiction. L'archevêque de Paris, qui avait officié, se dirigea vers les drapeaux et les consacra.

L'archevêque donna ensuite au peuple sa bénédiction solennelle et prononça un remarquable discours qui se terminait par ces paroles :

« O Dieu! maître souverain de la guerre et de la paix... ne rendez ces étendards terribles qu'aux ennemis du repos public et à ces nations, s'il s'en trouvait encore, jalouses de notre gloire et de notre prospérité et qui tenteraient de les troubler. Qu'ils soient pour nos vaillants soldats une sauvegarde et un gage assuré de la victoire. Qu'ils renferment dans leurs plis glorieux la paix et la guerre pour la sécurité des bons et la terreur des méchants; et qu'à leur ombre, la France respire et soit, pour le bonheur du monde, la plus grande et la plus heureuse des nations! »

Après la bénédiction des drapeaux, le prince-président monta à cheval pour assister au défilé de l'immense armée qui couvrait l'étendue du Champ-de-Mars.

Le lendemain, l'armée donna au président, à l'École militaire, le bal que nous avons raconté en détail dans la première partie de cette étude.

Les fêtes se terminèrent par une représentation de gala au théâtre des Tuileries, le 12 mai, et par un magnifique feu d'artifice tiré sur les hauteurs du Trocadéro, le 13 mai. Il représenta une bataille, et après la bataille, apparut tout à coup dans les airs, dessiné en flammes resplendissantes, l'arc de triomphe du Carrousel, avec des proportions gigantesques. Le char qui le surmonte était remplacé par un emblème en harmonie avec la grande fête militaire du 10 : un aigle aux ailes déployées. A droite et à gauche de l'arc, on vit s'élever deux colonnes surmontées, l'une de l'étoile de la Légion d'honneur, l'autre de la médaille militaire que Louis-Napoléon venait de créer pour les sous-officiers et les soldats. Soixante mille fusées avaient été lancées comme bouquet de ce superbe feu d'artifice.

« De longtemps, dit l'*Histoire contemporaine* (t. II, p. 327), pareilles splendeurs n'avaient charmé la population parisienne, et ces fêtes avaient rendu à l'industrie et au commerce une vie qui ne devait dès lors aller qu'en se fortifiant. »

Le 2 décembre 1852, le prince-président avait été proclamé empereur par *huit millions, cent cinquante-sept mille, sept cent cinquante-deux* suffrages.

Sous Napoléon III, le Champ-de-Mars vit encore de belles revues, jusqu'au moment où le terrain de Longchamp lui fut préféré pour ces solennités militaires.

Le 24 août 1855, cinquante mille hommes furent réunis au Champ-de-Mars, à l'occasion du voyage de la reine d'Angleterre, qui était venue visiter l'Exposition, établie dans le nouveau palais de l'Industrie, aux Champs-Élysées.

Pour le défilé, l'empereur se plaça devant l'École militaire. Au balcon du pavillon central se trouvaient l'impératrice et la reine Victoria, entourées des personnes de leurs maisons.

Le numéro du 24 mars 1855 de *l'Illustration* contient un

dessin représentant un essai de campement du régiment des guides de la garde impériale, au Champ-de-Mars, accompagné de la notice suivante : « Toute cette cavalerie en tenue de campagne, la carabine en bandoulière, précédée de sapeurs portant la hache et accompagnée de soldats à pied, en tenue de campement, conduisant les chevaux porteurs du matériel, s'est rangée en bataille (1). Puis, mettant pied à terre, et les chevaux mis au piquet, les cavaliers ont déployé les *tentes-abris*, qu'on a fixées sur les carabines qui servent de piquets ; en même temps, les tentes d'officiers étaient dressées, de sorte que le campement s'est trouvé simultanément établi.

« Ensuite, la trompette a sonné le repliement de toutes ces toiles, et ce matériel aussitôt replacé sur les chevaux, le camp a été levé. L'opération entière, exécutée avec beaucoup d'ensemble et de succès, n'a duré que quelques heures. »

Le 1er avril 1856, au moment du Congrès de Paris, qui termina la guerre de Crimée, l'empereur passa, au Champ-de-Mars, une revue de soixante mille hommes. A cette revue se trouvaient, pour la première fois, la nouvelle garde impériale et les troupes revenant de Sébastopol. Cette revue fut une des plus belles.

Nous donnerons, pour terminer les revues au Champ-de-Mars, le compte rendu de l'une d'elles, extrait du numéro du 18 octobre 1856, de *l'Illustration :*

« L'empereur a passé, le 6 octobre, au Champ-de-Mars, la revue de la garde impériale.

« Sa Majesté est arrivée à deux heures précises au pont d'Iéna, où elle a été reçue par le maréchal ministre de la guerre, le maréchal Magnan, le maréchal Canrobert, le général commandant en chef la garde impériale, le général commandant en chef les gardes nationales de la Seine et un grand nombre d'officiers généraux et d'officiers d'état-major.

« S. A. R. le prince Adalbert de Bavière et S. A. I. le prince Napoléon s'étaient portés au devant de l'empereur sur la route de Saint-Cloud et ont accompagné Sa Majesté pendant la revue,

(1) Tous les régiments de cavalerie de la garde avaient un peloton de douze sapeurs commandés par un brigadier. Ces soldats portaient la barbe.

ainsi que S. Exc. le maréchal Serrano, ambassadeur d'Espagne.

« Les troupes formaient onze lignes, face à Grenelle, la droite au pont d'Iéna. Les tribunes étaient pleines de monde. Tout a eu lieu selon la forme ordinaire. Le temps était magnifique. Les guides avaient la pelisse pendante qu'on a déjà remarquée. Les voltigeurs avaient aussi quelque chose du nouvel uniforme qui doit être donné à l'infanterie de la garde, le pantalon garance au lieu du pantalon bleu. »

Un peu plus loin, on lit également dans ce numéro de l'*Illustration* : « Le vendredi 10, Sa Majesté a passé en revue, au Champ-de-Mars, la 1re division d'infanterie de l'armée de Paris et le 12e régiment de chasseurs à cheval qui quitte la garnison de Paris ».

L'empereur ne manquait jamais de passer en revue les troupes qui arrivaient à Paris ou celles qui quittaient la capitale. Ces revues étaient ordinairement l'occasion pour le souverain de remettre lui-même aux officiers, sous-officiers et soldats, les décorations qu'ils avaient méritées.

Ce fut le 14 août 1857 qu'eut lieu, à deux heures de l'après-midi, dans la galerie qui règne au premier étage, entre le pavillon Denon et le pavillon Mollien, la cérémonie de l'inauguration du nouveau Louvre relié aux Tuileries.

Dans son discours à l'empereur, M. le ministre Fould constatait la régularité surprenante et la rapidité avec lesquelles s'était accomplie l'œuvre immense dont on célébrait l'achèvement.

Le lendemain 15, la fête de l'empereur fut célébrée par la représentation au Champ-de-Mars d'un épisode de l'expédition de Kabylie.

Malheureusement, le temps, comme on dit, ne fut pas de la fête, et une pluie obstinée, parfois pénétrante et froide, tomba sans interruption sur la foule qui, à flots pressés, se dirigeait vers le Champ-de-Mars.

Le Monde illustré du 22 août 1857 rendait compte en ces termes de cette représentation militaire : « Vraiment, il était regrettable que les rayons d'un beau soleil n'éclairassent point le site africain qu'un immense décor offrait dans les deux tiers de la largeur du Champ-de-Mars...

« Ce village, auquel des palmiers naturels prêtent leur ombrage, est un gourbi kabyle, que ses farouches habitants se préparent à défendre contre nos soldats.

« Ce marabout, sanctuaire et forteresse à la fois, aura ses combattants obstinés. C'est donc une bataille qui va se livrer à l'ouverture de cette gorge qui plonge dans ce pâté montagneux.

« Que la fusillade éclate donc! Que le canon tonne! En avant, zouaves! En avant, chasseurs! En avant, spahis!...

« C'est une bataille, c'est-à-dire une victoire. En effet, l'ennemi est chargé, culbuté, poursuivi; les montagnes sont gravies, les cimes enlevées et nos drapeaux arborés sur les sommets du Jurjura flottent victorieux au-dessus du pays. Voilà le libretto pris sur le vif d'événements accomplis vingt fois par nos soldats.

« Une scène manque pourtant, c'est le retour de nos troupes disparues dans les ravins, à la poursuite de l'ennemi... Les voici qui apparaissent, sapeurs, tambours, musique en tête, débouchant par bataillons, par escadrons, par batteries, avec leur butin et leurs prisonniers. Tout à l'heure, c'était la charge. Bravo!... Maintenant, hourra! c'est le triomphe!... »

Nous avons tenu à reproduire textuellement le compte rendu de la fête militaire au Champ-de-Mars à cause de son originalité. Comme on sent bien les sentiments *chauvins* qui animent le narrateur qui sera, croyez-le, compris du public. Cela peint une époque. En tous les cas, des spectacles de ce genre élevaient les sentiments du peuple et ces saines distractions valaient mieux pour lui que tous les hippodromes où fleurit le *pari mutuel.*

« La soirée du 15 août 1857, dit encore *le Moniteur illustré*, fut plus belle que la température n'avait permis de l'espérer. Vers sept heures et demie, la pluie commença à diminuer ; une heure plus tard, elle avait cessé complètement.

« Les illuminations purent donc s'offrir à la foule dans tout leur éclat.

« Celles de l'Hôtel-de-Ville, du jardin des Tuileries, de la terrasse du Pont-Tournant et des Champs-Élysées furent magnifiques, ainsi que le feu d'artifice. »

Les revues de l'empereur, dont nous avons parlé plus haut, eurent lieu au Carrousel et dans la cour des Tuileries, à dater du moment où le Champ-de-Mars fut occupé par les vastes chantiers qui préparèrent l'Exposition universelle de 1867.

Cette Exposition universelle de 1867, la première vraiment internationale, car la France convia au Champ-de-Mars le monde entier à la fête de l'industrie, restera un des plus charmants souvenirs de ma jeunesse.

Tous les souverains de l'Europe s'étaient, à cette occasion, donné rendez-vous aux Tuileries, où Napoléon III les reçut, ayant à ses côtés l'impératrice Eugénie, rayonnante de beauté.

A quelque parti qu'on appartienne, on reconnaîtra que ce fut une époque vraiment incomparable.

La France était heureuse, riche, prospère, respectée et l'on était fier d'être ses enfants.

Nous ne nous étendrons pas sur l'Exposition de 1867 ni sur celles qui la suivirent. Elles sont présentes à la mémoire des contemporains. Nous dirons seulement que ses proportions étaient *raisonnables* et nous insistons sur ce mot. De l'édifice central, on pouvait se rendre sans peine, en suivant les rayons qui partaient de ce point, dans les différents compartiments où les nations avaient établi leurs produits.

La même facilité ne fut plus possible en 1878 et surtout en 1889. Que sera-ce en 1900? Il y a des limites à tout, même à la curiosité, et nous craignons qu'en voulant faire trop grand on ne finisse par faire trop fatigant.

La seconde exposition de 1878 fut un réconfortant spectacle pour l'orgueil national huit ans après *l'année terrible*.

Le palais du Trocadéro, élevé à cette époque, et dont l'architecture orientale est discutable, est resté.

Enfin, l'Exposition de 1889, par ses proportions vraiment gigantesques, sembla vouloir laisser bien loin derrière elle les précédentes. Non seulement le Champ-de-Mars était occupé par l'Exposition, mais ses bâtiments s'étendaient sur le quai d'Orsay, couvrant encore l'esplanade des Invalides.

La fameuse tour de 300 mètres de M. Eiffel fut le *clou* de l'Exposition. Elle souleva cependant bien des critiques.

Édouard Drumont, dans un de ses livres, la nomme : *Ce monument d'une fin de siècle matérialiste et athée, qui a la prétention d'écraser avec cette immense masse de fer Notre-Dame et l'Arc de triomphe, la prière et la gloire.* Nous sommes bien près de nous ranger à son avis, et, comme nous le disions en commençant, le Champ-de-Mars actuel nous laisse froid, et par la pensée nous nous reportons toujours à l'ancien, celui de *la Fédération* et de *la distribution des aigles.*

Avant de terminer, nous dirons que les noms donnés aux différentes rues et avenues qui avoisinent le Champ-de-Mars rappellent les héros qui ont immortalisé l'armée française.

Le nom de Chevert, donné à une rue ouverte au commencement de ce siècle, le fut en mémoire du lieutenant général des armées du roi que sa roture empêcha seule d'obtenir le bâton de maréchal.

Chevert fut enterré dans l'église Saint-Eustache où l'on peut lire son epitaphe composée par d'Alembert :

SANS AIEUX, SANS FORTUNE, SANS APPUI

ORPHELIN DÈS L'ENFANCE

IL ENTRA AU SERVICE A L'AGE DE ONZE ANS

IL S'ÉLEVA, MALGRÉ L'ENVIE, A FORCE DE MÉRITE

ET CHAQUE GRADE FUT LE PRIX

D'UNE ACTION D'ÉCLAT

LE SEUL TITRE DE MARÉCHAL DE FRANCE A MANQUÉ

NON PAS A SA GLOIRE

MAIS A L'EXEMPLE DE CEUX QUI LE PRENDRONT POUR MODÈLE

L'avenue de La Bourdonnais, ouverte en 1770. La Bourdonnais fut successivement capitaine de vaisseau et gouverneur des îles de France et de Bourbon, prit Madras. Mais la capitulation portait que Madras serait restitué aux Anglais moyennant une rançon. Le gouvernement de Pondichéry cassa cette capitulation et conserva Madras. Ce fut la cause des malheurs de La Bourdonnais. De retour en France, il fut accusé de concussion et jeté à la Bastille. Un jugement le déclara innocent ; mais La Bourdonnais mourut de chagrin, le 9 septembre 1753.

Les noms de d'Estrée, de La Motte-Piquet, de Suffren, de Tourville et de Dupleix, donnés à des rues et avenues, rappellent les noms de ces célèbres chefs d'escadres.

Les noms de Vauban, de Villars, de Saxe, de Lowendal, ceux de nos grands capitaines.

La rue et la place Dupleix, créées en 1815 en souvenir du gouverneur général des établissements français dans l'Inde et qui reprit Madras aux Anglais.

Le nom de Fontenoi a été donné, en 1770, à la place située derrière l'Ecole militaire en souvenir de la bataille gagnée sur les Anglais par le maréchal de Saxe, le 8 mai 1745.

L'avenue de Ségur, formée, en 1780, du nom du maréchal de France.

Plusieurs noms de rues nous rappellent des hommes de guerre de la République, du Consulat et de l'Empire : Desaix, Kléber, Latour-Maubourg, Oudinot, Bertrand, le fidèle compagnon de Napoléon à Sainte-Hélène.

Eblé, le général des pontonniers, le héros de la Bérésina.

Lecourbe, Cambronne qui commandait, à Waterloo, le dernier carré de la vieille garde.

Rapp, un brave aussi de la grande armée.

Les rues Duvivier et Négrier rappellent les deux généraux qui, aux fatales journées de juin 1848, tombèrent victimes de leur dévouement à la cause de l'ordre.

La rue Cler, en souvenir du brave général de l'armée de Crimée, frappé à mort, quatre ans plus tard, d'une balle au front à Magenta.

Enfin, la dénomination de la rue de Lourmel se rattache au général qui reçut une blessure mortelle à Inkermann.

Ces noms ont survécu à nos bouleversements politiques. Les braves tombés au champ d'honneur sont au-dessus des querelles des partis.